高效教学八讲

陶继新 著

山东城市出版传媒集团·济南出版社

图书在版编目（CIP）数据

高效教学八讲 / 陶继新著. — 济南：济南出版社，2023.9
　　ISBN 978-7-5488-5359-6

Ⅰ.①高⋯　Ⅱ.①陶⋯　Ⅲ.①课堂教学—教学研究　Ⅳ.①G424.21

中国国家版本馆CIP数据核字（2023）第170505号

高效教学八讲　GAOXIAO JIAOXUE BAJIANG
陶继新 / 著

出 版 人	田俊林
责任编辑	史　晓　刁彦如
	陈　新　杨中牧
封面设计	李　一

出版发行	济南出版社
地　　址	济南市市中区二环南路1号（250002）
总 编 室	（0531）86131715
印　　刷	济南万方盛景印刷有限公司
版　　次	2023年9月第1版
印　　次	2023年9月第1次印刷
成品尺寸	170 mm×240 mm　16开
印　　张	16.25
字　　数	180千
定　　价	69.90元
印　　数	1—5000册

（如有印装质量问题，请与出版社出版部联系调换，联系电话：0531-86131716）

自 序

2016年8月，我曾出版过一本《高效教学的道与术——陶继新教育讲演录》，现在又出版《高效教学八讲》，是不是在"重复昨天的故事"？

非也。

要想抵达高效教学的境界，不但需要方法、技巧等"术"，而且也需要探寻其内在的生命规律之"道"，所以有了《高效教学的道与术——陶继新教育讲演录》一书的问世。

同时，真正意义上的高效教学还应当是一个全息系统。它不但需要学生的高效之学，同时也需要教师的高效之教。所以，既要变革课堂，以学为中心，也需要教师的经典教法，以彰显出独特的效益；既需要激活学生的潜能，让他们创造奇迹，同时也需要教师满腹经纶，在教学中演绎精彩；既要让学生身心健康，为走向高效之学奠定基础，也需要发展教师，让其感受到生命价值的实现；既需要更好地开发课程，让学生各美其美，也需要从学校层面创新机制，激发师生的生命活力。正是基于这种思考，才有了《高效教学八讲》一书的出版。所以，休说本书中内容，就是书中各个大小标题，与《高效教学的道与术——陶继新教育讲演录》也大异其趣。所以，《高效教学八讲》这本书，会让读者领略到"横看成岭侧成峰，远近高低各不同"的一个全新的高效教学景观，也会让读者触摸到我创新脉搏的跃动。

本书中的八讲，既有人们常讲的高效教学之义，又有看似无关却又有着内在维系之说。不管在八讲之中的哪一个方面有所突破，都会对高效教学起到一定的作用，而如果哪一个分支出现了问题，也必然会影响到高效目标的实现。

所以，笔者所谈的教学，不是狭义的概念，而是一个宏观的定义。即使"教学"二字，也并非人们常说的课堂教学，而是由教与学构成的一个更加宏观的世界，有的时候，二者还有可能分别演绎出各自的精彩。

学生要想实现高效学习的跨越，绝非教师强迫之下的被动之学，也不是加班加点的更多时间的消耗，而是要激活自主学习的生命潜能，并掌握科学有效的学习方法。为此，教师在变革教学方式的同时，也要变革学生的学习方式，从而让"学为中心"在教学之场登堂入室。

是不是由此而忽视教师之教了呢？

当然不是。

要想取得教学改革的成功，绝对不能从一个极端走向另一个极端。尽管很多年以来教学改革风起云涌，可是，如何教好依然是一个重要的问题。当年如果没有孔子之教，就不可能出现"弟子三千，贤人七十二"的奇观。而孔子的因材施教、学思结合、启发诱导等，以及《礼记·学记》中的"道而弗牵，强而弗抑，开而弗达"等经典教学方法，迄今依然闪耀着精神的光芒，具有永恒的价值。即使今天有不少学校在教学改革中大见成效，我们大都难从中取得真经，更遑论有所突破了。假如能够登临古已有之的经典教法这个高峰，高效教学的"女神"便会翩然而至。

所以，发展教师是实现高效教学的必由之路，而其价值的实现，则是其最高的精神需求。这种需求会产生无穷无尽的能量，不但会让教师持之以恒地在学习中成长，在研究与创新中提升，还会更新他们的教学观念，并让他们呈现出"腹有诗书气自华"的精神气象，从而在教学中演绎出特殊的精彩，让学生在如痴如醉与乐而忘返之中，既能领略到"名师出高徒"的要义，又能驶向高效学习的殿堂。

不过，也许有人对将身心健康纳入高效教学系统感到费解。其实，这是一个非常简单的道理，只不过被人们忽略了而已。笔者在全国数百所学校采访时发现，即使以前比较优秀的学生，如果身心健康出了问题，学习效率也会每况愈下，学习成绩也往往一落千丈。相反，身心健康的学生，则可以精神饱满地步入高效学习境界，学习成绩也会越来越好。我自己深有体会，迄今为止，我已经发表了1000多万字的文章，出版了65本著作。有好多人问我何以如此高效，我的回答简明扼要——身心健康是高效之本。正是有了这个"本"，才让我一直乐此不疲且又非常高效地步入读书与写作的天地，此之谓"本立而道生"也。

再比如创新机制，同样与高效教学有着极其重要的关系。不管是教师还是学生，都内蕴着巨大的潜能，可是，有的学校领导却忽视了这种潜能，甚至压抑了这种潜能。于是，久而久之，师生们的潜能也便减弱甚至消失，只能与高效教学挥手再见。而有思想与智慧的学校领导恰恰相反，他们通过创新机制，让师生们沉睡的潜能勃然而发，进而生成巨大的生命能量，高效教学也便相应而生。

对于高效教学的内容，人们大都以为是学生参加考试的学科，其实这也是一个误区。因为人各有异，有的学生尽管学科成绩平平甚至较差，却有可能在其他方面有着出类拔萃的表现。比如世界跳水冠军全红婵，她上学时文化课成绩不理想，可她却在跳水方面有着独特的天赋与特长，在学习跳水时实现了常人难以企及的高效！正因如此，开发丰富多彩的课程，让各类学生从不同的层面领略高效学习的美妙，当是一个有良知的教育者的责任与义务。从这个视角讲，高效教学当是一个更加宏阔的世界，而丰富多彩的课程，则让有着不同爱好与特长的学生走向一个各美其美的殿堂。

本书中的高效教学八讲，不是笔者凭空臆想而生成的，而是通过采访大量的教育专家、校长、教师、学生和持续不断地听课与研究，才有了一个又一个新的发现，并生成属于自己的感悟，进而才有了这本烙印着"陶氏"风格的新书的出版。

对于本书的出版，我本人非常期待。因为它不仅是我几十年来研究高效教学的一个重要成果，而且还有着属于我自己的发现、研究与创新。

当然，是不是能够得到读者的认可乃至青睐，并非决定于我个人的想象。况且，即使自己视作珍宝之书，也可能有其瑕疵。所以，希望读者多提建议与意见，对此，我当感激不尽。

陶继新

2023 年 9 月 1 日于济南

目录

自序 / 1

第一讲　开发课程，各美其美 / 1
一、上海复旦五浦汇实验学校：激活灵性的"行走诗教" / 3
二、南京市北京东路小学：积淀文化的国学经典诵读 / 8
三、曲阜市济宁学院第二附属小学：被经典浸润的晨诵、午读、暮省课程 / 13
四、济南第十四中学：以学生为本的课程构建 / 15
五、南明教育集团：启迪灵性、升华境界的智慧课程 / 21
六、广西柳州市第十四中学：演绎精彩的街舞与竹竿舞 / 26

第二讲　变革课堂，学为中心 / 33
一、魏书生的自主学习 / 35
二、钱梦龙的"三主四式"教学模式 / 44
三、李金池的"高效6+1课堂"教学模式 / 51
四、张代英的2.0版"336"课堂教学模式 / 57
五、赵丰平的分组合作探究和数字化学习 / 63
六、李升勇的学期课堂＋假期课堂 / 67

第三讲　腹有诗书，演绎精彩 / 73
一、底蕴深厚、纵横捭阖的于漪老师 / 75
二、博观约取、厚积薄发的于永正老师 / 81
三、积淀文化、诗意沛然的王崧舟老师 / 85
四、吟诵诗文、风趣幽默的赵志祥老师 / 90
五、饱读诗书、汪洋恣肆的沈红旗老师 / 96
六、数学诗教、抽象之美的刘宗三老师 / 99

第四讲　经典教法，彰显效益 / 105
一、"道而弗牵"的孔子 / 107
二、"强而弗抑"的"华之梦教育e积分"创始人李维新 / 110
三、"开而弗达"的烟台市中英文学校 / 117
四、"因材施教"的潍坊（上海）新纪元学校 / 120

五、"一课有一得，得得相联系"的陆继椿老师 / 125
六、构建"化错"教育体系的华应龙老师 / 131

第五讲　激活潜能，创造奇迹 / 135

一、王金战通过"走火入魔"式学习考上大学 / 137
二、夏杨在高效率工作与学习中走向卓越 / 142
三、管建刚老师写作路上矢志不移，摘取硕果 / 146
四、杨卫平老师扬其所长，激活学生的潜能 / 150
五、河北衡水中学：师生在激情澎湃中走向卓越 / 155
六、衡水市第十三中学"激爆潜能"，提升教与学的效率 / 160

第六讲　创新机制，激发活力 / 165

一、湖北省荆门市第一中学的学校制度 / 167
二、贵州省实验中学的"41条军规" / 171
三、宁夏回族自治区固原市第一中学的扁平化管理 / 173
四、重庆市巴川中学的管理文化 / 175
五、云南省文山壮族苗族自治州第一中学的"包产到户，责任到人" / 179
六、东北师范大学大连保税区实验学校的体制机制改革 / 186

第七讲　身心健康，高效之基 / 195

一、任丘京师学校：学生吃得好 / 197
二、瑞安市新纪元实验学校：学生睡得好 / 201
三、青岛古镇口海军中学：学生身体好 / 203
四、济南市历城第二中学：学生艺术学得好 / 206
五、济南市安生学校：学生心理素质好 / 210
六、东营市利津县第二实验幼儿园：孩子玩得好 / 215

第八讲　发展教师，实现价值 / 221

一、聊城市东昌府区英特学校的"大小教研" / 223
二、济南市历下区盛景小学的"自组织" / 228
三、宁波市四眼碶小学教师的"五项修炼" / 233
四、济南市商河县第一中学的班级和教研团队建设 / 236
五、成都市新都一中成就优秀的教师 / 244
六、吴正宪的"1+10+N"的层级教师研修 / 246

第一讲

**开发课程，
各美其美**

课程是学校的产品，只有课程改变，学校才能改变。课程的质量高低和丰富与否，影响着学生的发展走向。而丰富多彩的课程，是学生个性化发展的载体。所以，优质的课程，让学生各自的潜能与特长得到了淋漓尽致的发挥，这不但增强了他们的自信心，而且还能提升他们的学习效率，从而使他们取得比较理想的成绩。丰富多彩的课程，不但为学生的成长提供了科学的依据与具体的途径，而且还创设了一个宏阔的文本学习与生活实践的天地，让有着鸿鹄之志的学生有了"海阔凭鱼跃，天高任鸟飞"的可能。从这个意义上说，丰富多彩的课程，不只是为学生当下的高效学习与优质成长提供了可能，还为其未来乃至一生的发展奠定了基础。

所以，那些卓越的教师、校长几乎无一例外地在课程构建上"大动干戈"，为各类学生开发潜能和展现特长提供了可能。

需要说明的是，无论是教师的课程设计，还是学校的课程设计，课程研究都要把课程的文化性作为终极目的。教师甚至学生不仅是课程的使用者，还是课程的设计者、编辑者、修正者、创造者，甚至有些时候，课程研究还会扩展到家庭与社会中去。另外，在课程构建上还要注重校本化，即把国家课程校本化，把地方课程校本化。在这个过程中，逐渐形成一种群体的思维共识，这样才能升华到课程具有文化性的高度。

一、上海复旦五浦汇实验学校：激活灵性的"行走诗教"

从古至今，我们所熟知的大诗人几乎都是"读万卷书，行万里路"的实践者。因为满腹诗书只有与"行走"实践结合在一起，才能创作出动人心扉、富有意义的佳作。对诗词创作深有研究的黄玉峰校长和教师们，不仅在学校课堂上实施课程诗教，而且还走出校园进行研学旅行，开发出了"行走诗教"的课程。在黄玉峰校长的带领下，全校师生走出校园，游览大好河川，拜访名胜古迹。在"行走"过程中，师生们情动辞发，吟诗作赋，于是，一个个"诗人"横空出世。随着"行走"过的地方越来越多，学生们的眼界也越来越宽广，所写诗作也越来越多、越来越好。

不过，"行走诗教"课程要有一定的规划和章程，否则会让行走者成为一匹匹脱缰的野马，达不到预期的效果。为此，经由教师、学生和家长共同研究后，制定了一个研学流程，让"行走诗教"成为一种课程，并作为一项小课题进行研究。为此，需要制定研学规划，编撰研学手册，还要在行走前进行培训，行走后形成诗词集、论文集。

"行走诗教"中的每一项内容，既有详细的文字说明，又有实际操作流程。比如行走前的创作诗文培训，针对与诗文相关的内容，有专门的教师为学生开设讲座进行培训。学生通过培训知道写诗需要掌握三个原则：一是绝对不能无病呻吟，要有感而发；二是不要故作高深，要道法自然，通俗易懂；三要符合写诗的规则。相对来说，第三条较难，为此可以相应降低要求，但要做到押韵，符合字数要求。

除了进行创作诗文的培训，还要让学生拥有自信心。教师非常肯定地鼓励学生们，人人都能写诗，甚至人人都可以成为诗人。风华正茂的中学生，掌握了写诗的"诀窍"，又得到老师们的鼓励，便一个个都有了写诗的动力。

1. 触景生情，情动辞发

以前学生外出旅游，教师要其写篇相关的文章，他们多是用记叙文或散文的体裁来写，而且常常是平铺直叙，少有意味。可现在情况不一样了，学生通过研学旅行，经常能创作出优秀的诗词作品。学生去庐山研学旅行时，他们触景生情，灵感迸发，文思泉涌，一篇篇精彩的诗作随之创作出来。我们不妨看看八年级三班吴承璋同学所写的《庐山》：

> 山高雾环绕，
> 流水比天高。
> 鸟鸣景色美，
> 山静学子闹。

吴承璋同学笔下的高山流水、雾绕鸟鸣之"静"与学子的快乐之"闹"，谱写成一篇优美、和谐的乐章，让人产生一种如见其景、如闻其声的审美快感。同时，学生的情感也在写景的时候自然而然地表露出来，正如王国维所言："不知一切景语，皆情语也。"只有"登山则情满于山，观海则意溢于海"的时候，美景才能富有生命力，才能让读者从景色的描写中感受到作者彼时彼地的情感跃动。

2. 灵感迸发，立马成诗

黄玉峰校长认为，绝大多数学生都具有作诗的潜质，只要为其引路入道、创设情境，激发其灵感，就能让他们实现从不会作诗到学会作诗，从诗写得一般到写出好诗的跨越

黄玉峰

式发展。

2018年暑期学校开设的"君子养成行走研学课程",目的地是江西。当师生们行至风景如画的江西九江时,学生们按捺不住心中的激情,灵感源源不断,诗词脱口而出。且看徐静萱同学所写的《如梦令·九江晨景》:

> 晨驻江畔酒家,
> 山似断虹天涯。
> 云烟无归处,
> 峰巅并肩朝霞。
> 如画,如画,
> 欲掩倾世风华。

这神来之笔,让不少老师想起孔子之言:"后生可畏,焉知来者之不如今也?"

3. 陶冶情操,砥砺志向

诗歌不仅可以抒情,也可以陶冶情操,砥砺志向。学生在游学过程中,瞻仰古代先贤,为其高尚情操与无畏精神所感动,便创作出一首首积极向上的诗词。

白鹿洞书院曾是大师讲学与文人辩论的学府,回想当年理学大师朱熹主持修复书院,并自任洞主,施行制定教规、延聘老师、充实图书、招收学生等举措的情形,不禁让人肃然起敬。且看冯雨伦同学所写的《游白鹿洞》:

> 五老峰下白鹿洞,
> 人杰灵秀聚其中。
> 文公已去不复返,
> 学规犹在似警钟。

这首诗虽少了含蓄之美,却不乏"志于学"之妙。也许这次白鹿洞书院之行，会让冯雨伦同学以朱熹为楷模，立下远大志向，走向一条人文之道。

而在读汪怡萱同学所写的《游郁孤台》时，则让我们感到有一股浩然正气在升腾：

> 郁孤台前石像立，
> 目光炯炯辛弃疾。
> 早年英勇奋杀敌，
> 晚年提笔写诗词。

辛弃疾一生命运多舛，在官场上备受排挤，数次起落，可力图恢复国家统一的爱国热情却贯穿其生命的始终，尽管壮志难酬，但英气长存。汪怡萱同学游郁孤台后有感而发，在对辛弃疾吟诵一曲由衷赞歌的同时，爱国的热情也在其心中激荡起来。

4. 化育心灵，达观人生

中国历史上曾有一些诗人，他们历经磨难，甚至九死一生，却处变不惊，泰然处之，表现出了乐观豁达的人生态度和积极向上的精神，并将这种精神在其所创作的诗词中流露出来，有些诗词还成了千古绝唱。而目前很多中学生，缺失的恰恰就是这种态度与精神。

在游览江西著名古迹八镜台的时候，教师们带领学生登楼观赏八镜台上的八景，学习苏东坡的《虔州八境图》八首，并听了关于苏东坡人生境遇的讲座。同学们从中了解到苏东坡是一位参透"儒道释"文化的大诗人，也是一位宠辱不惊的乐感文化的代表人物。王子怡同学有感而发，以"听苏东坡讲座"为题，赋诗一首：

> 东坡赣南作诗忙，句句豪迈又大方。
> 为人朴实又乐观，做人风格留橙乡。

就其艺术表现水平而言，这首诗难入好诗的殿堂，可是从诗中流露出来的对苏东坡达观精神的体悟来看，这首诗却又不失为一首有着积极意义的佳作。因为苏东坡乐观豁达的精神品质已经镌刻在了学生的心里，即使诗句写得不够出彩，但其中蕴含的深意却令人动容。

据黄玉峰校长讲，在整个研学旅程中，不仅学生写诗，教师也写诗。仅在江西之行中，他和副校长姜乃振，以及数学老师刘宗三、唐晓春，物理老师杨晓胜，英语老师俞奇凡，语文老师陈燕，生物老师高海艳，英语老师张斌斌，体育老师王玉志，以及家长义工冯俊佳同学的母亲等，就写了不少诗词。

比如在衢州研学旅行中，黄玉峰校长到新华小学下村校区后，就即兴赋诗一首《题赠新华小学下村校区》：

五浦少年访下村，麻糕楚橘酬情深。

桑翁六九门前立，古宅三园创意新。

自制香茶且代酒，巧培神树岂无魂。

屈平诗性若相伴，定创美文惊世人。

黄玉峰校长爱好写诗、书法，他写的诗不但内蕴丰厚，而且合乎古诗规则。他将自创的诗作用毛笔书写出来，有客人来访时，他们一边欣赏，一边吟唱，颇有一番趣味。

虽然黄玉峰校长写诗的水平极高，但他却谦虚地说："我的诗和书法都缺乏灵性，有些老师、学生的作品比我的作品强，写得很有光彩。"

在行走中，师生们放飞思维，或即兴赋诗，或推敲成文。写得文采斐然者自然会让人击节称叹，写得略有诗味者也会得到鼓励。这样一来，原来就喜爱写诗的人就有了大展身手的舞台，原本不会写诗的人也在尝试写诗的过程中偶露"峥嵘"，一时间形成了欣赏诗歌、创作诗歌的氛围。

三年多来，师生们走遍了很多地方，他们去过越州、眉州、黄州、惠州，走过徽杭古道，到过江西、上海，去过各大植物园，进过博物馆、农场和工厂，每到一处，都伴随着诗歌创作。虽然只有三年时间，但师生们已创作了一万多首诗词，这些诗词以内部刊物的形式被集结编撰成十本诗词选集。学校学生参加"中华之星"国学大赛，连续两年取得优异成绩。

在诵诗、写诗高潮一浪高过一浪的时候，黄玉峰校长却认为要冷静地看待老师和学生们创作的这些诗词。在师生们创作的数量可观的诗词中，真正经得起推敲而称得上精品的诗词，所占比例却不太大。那些经久流传、看似即兴而写的诗作，其实是经过不断地反复推敲和修改后形成的，而且有诗人厚重的诗词修养做支撑。

为了增加师生诗词修养的"厚度"，黄玉峰校长采取了以下措施：一是在每次研学旅行之前，教师都要为学生提供大量与这次研学旅行之地相关的诗词，让大家先学后写；二是通过自编的诗词课程，增加学生诗词的积累量；三是引导与鼓励学生在课外学诗、背诗和写诗时，要求家长也参与其中，形成良好的诗学氛围；四是培养学生日常写诗的习惯，提高学生写诗的水平。

黄玉峰校长对笔者说，复旦五浦汇实验学校的办学思想是"人生教育，君子养成"，"行走诗教"课程确实有效地体现了这一思想。当然，学校的创新课程还不止于诗教，学校还进行了科教、礼教和乐教的探索，"四教"和谐发展，构成了学校的治校方略，从而让学校有了持续快速的发展。

二、南京市北京东路小学：积淀文化的国学经典诵读

孙双金是全国著名的特级教师，他开发的"情智语文"课程在全国产生了广泛的影响。在其就任南京市北京东路小学校长期间，他在全校小学语文教学中构建了诵读国学经典、诗歌经典、儿童文学经典的课程体系，让学生在诵读经典的过程中，提升了文化底蕴，进而对其课堂学习与课外阅读乃至

写作效率与质量的提高都有很大的帮助。

1. 国学经典

孙双金校长认为，开设国学经典课程，就是从生命成长的意义上解放孩子，还孩子学习本应具有的快乐。国学经典蕴含着丰富的思想内容，如果了解了其中的深刻内涵，再加上诵读方法得当，就会大大地开发孩子的潜在能量，激发其学习的乐趣。国学经典诵读还能够开发孩子的记忆潜能，孩子们一旦从中学有所得，便会感受到诵读的乐趣，从而打通走向智慧之门的通道。

开展国学经典教育，不仅是为了孩子一生的长远发展，更是为了中华民族文化的兴旺繁荣。小学阶段是人一生中记忆的黄金时期，在这期间，如果能对孩子的记忆潜能进行有效的开发，可以为孩子今后的学习和文学积累打下良好的基础。但是，如果不予开发，这种记忆潜能就会随着孩子年龄的增长一天天削弱。记忆潜能一旦开发出来，不但记忆能力和学习效率显著提升，而且带来的积极影响可以伴其一生。从这个层面上讲，国学经典诵读开发的是孩子一生的潜能。同时，诵读国学经典能提升孩子的文学修养，对其未来的发展有着积极的影响。随着年龄的增长，孩子对这些国学经典的理解会越来越深，定能理解其中所蕴含的人生哲理和深刻内涵。

国学经典诵读给予孩子的，不只是记忆能力的提高和知识储备的增多，还有自信心的提升。一个人的成功与失败、快乐与悲哀，与其自身的能力有关，更与自信心有关。从这个层面上讲，国学经典诵读对孩子一生的发展起着不可忽视的作用。

孩子们在诵读国学经典的过程中，不但为学有所用深感欣慰，更重要的是，在这个过程中他们的自信心越来越强。对自我的认可比学到某种知识更重要，因为在自信心提升的过程中，激活了孩子各个方面的潜能。

国学经典诵读还带动了孩子其他学科的学习，特别是语文学科的学习。

开设国学经典诵读课程之后,孩子的听说读写能力不断提高,课堂上回答问题时以及写的作文中时不时引经据典,运用自如。

国学经典诵读使孩子充满自信,自信心又使孩子将国学经典学习得更加深入;国学经典诵读促进孩子的"智慧"生成,有了"智慧"生成又使孩子各个学科的学习变得更加容易。这是一种良性循环,这是文化内化于孩子心中之后又外化出来的风景。而文化的内化显现于当下,更展现于未来。这些诵读国学经典后充满自信的孩子,在未来的发展中前途不可量也。

2. 诗歌经典

孙双金校长认为,诗歌能表达人们最善良、最真挚、最美好的情感;从形式方面来说,诗歌注重韵律和格式;从语言方面来说,诗歌追求含蓄美、韵律美、画面美、意境美,因此孔子说:"不学《诗》,无以言。"但是现在写诗的人越来越少了。

有人说,中华文化是诗性文化,中国教育的核心是诗教。孔子对儿子孔鲤的教育是"不学《诗》,无以言;不学礼,无以立。"著名美学家朱光潜先生在《无言之美》一文中这样表达他对诗歌的感受:"就文学说,诗词比散文的弹性大;换句话说,诗词比散文所含的无言之美更丰富。散文是尽量流露的,愈发挥尽致,愈见其妙。诗词是要含蓄、暗示,若即若离,才能引人入胜。现在一般研究文学的人都偏重散文,尤其是小说,对于诗词很忽视。这可以证明一般人的文学欣赏力很薄弱。现在如果要提高文学素养,必先提高文学欣赏力;要提高文学欣

孙双金

赏力，必先在诗词方面特别下功夫，把鉴赏无言之美的能力培养得很敏捷。"因此，孙双金校长希望文学创作者在诗词方面多努力，而学校语文课程中诗歌应该占据重要的位置。

中外诗歌数量繁多，可是，并不是所有诗歌都具有较高思想与文学价值的。孙双金校长向笔者提到了《诗经》，《诗经》实在太经典了，因为它是中国古代诗歌的开端。《诗经》来源主要有两部分：一是出自各地的民歌，老百姓干活的时候，手之舞之，足之蹈之，自然形成了有韵律的诗歌；二是贵族、宗庙祭祀之诗歌。两者有一个共同的特点，它们都是吟唱的。前者在老百姓中口口相传，后者通过乐师的吟唱让大众熟知。因为当时受各种条件所限，所以，当时的诗歌并没有用文字记录下来。而孔子则将这两部分诗歌一一收集，又从中删去思想意义不佳和文学品位不高的诗作，最终只保留了305首，其中还有5首只有题目而没有内容。可以说，孔子是第一个将只有乐曲而无文字的诗歌整理成册的大师。孔子是至圣先师，有着较高的审美趣味和审美准则，他秉持着非经典不能入册的原则，所以也就有了"《诗》三百，一言以蔽之，曰：'思无邪。'"。不但内容要好，乐曲也要好，所以孔子说："吾自卫反鲁，然后乐正，《雅》《颂》各得共所。"

诗歌经典中，还有屈原的《离骚》。司马迁说："屈原放逐，乃赋《离骚》。"古往今来，读经典诗歌者，几乎没有不读屈原诗作的人。不过，屈原的诗真的很难懂，也难背。可是，孩子却不以为难。因此，让孩子尽可能地背诵屈原等大诗人的经典诗作，对其一生的成长有很大的帮助。虽然开始时孩子对于其中的内容很难理解，但背诵得多了，就会渐渐理解其中的意韵。到了一定的生命节点上，这些意韵就会结出果实，而且有着持久的生命张力。

唐诗宋词中，有一些大师的诗歌写得非常好，而且背起来朗朗上口。让孩子背诵这些经典之作，可以为其成长奠定良好的诗文基础。

3. 儿童文学经典

孙双金校长认为，如果说国学经典、诗歌经典更多的是面向过去、面向历史的话，那儿童文学经典就是面向现代、面向孩子。因为儿童文学是专门写给孩子的文学，其中充满了丰富的想象力和童趣。孩子是天生的幻想家、作家、诗人、哲学家，因此儿童文学经典是小学文学教育重要的基石。

儿童文学经典之所以受到孩子的喜爱，一个重要的原因是儿童文学作家对孩子的心理、喜好等都比较了解，以孩子的视角进行创作，作品符合孩子的成长特点和发展规律。当然，并不是说所有的儿童文学作家写的作品都是经典，只有具有极高的思想价值与文学价值、对孩子的成长有所帮助的作品才能称得上是儿童文学经典。儿童文学经典像其他经典一样，其中蕴含着真善美。一个人如果从小爱读书，大多会形成一生爱读书的良好习惯。而一个爱读书的人，其文学修养和精神品质也会不断地提升。有的人在儿童教育上下了很大功夫，结果还是收效甚微。如果让孩子多读儿童文学经典，并为其提供尽可能多的阅读时间，所谓的思想教育、审美教育就会自然而然地取得成效。

让孩子多诵读国学经典、诗歌经典和儿童文学经典，就等于为其人生的道路上积攒了一笔生命成长的财富。也许当下未必用得上，可是到了需要它的时候，可以随时取用。所以，我有一个自创的说法，叫"文化存款"。每个人的文化存款，永远是自己的，谁也取不走，而且对其成长和未来发展有极大的帮助。好老师与好家长的一个共同特点就是让孩子拥有更多的文化存款，从而为其终生发展做准备。如此而为，随着年龄的增长，孩子文化存款的"利息"就会越积越多，乃至成为一个文化大家，成就一番事业。

三、曲阜市济宁学院第二附属小学：被经典浸润的晨诵、午读、暮省课程

"晨诵、午读、暮省"是曲阜市济宁学院第二附属小学为学生创设的三大课程，其目的是为学生构建起以立德修身为目标、以经典文化为学习日常的校园生活。学生每天早晨有 30 分钟的"晨诵"，用来诵读国学经典；下午上课前有 30 分钟的"午读"，用来自由阅读中外名著；下午放学前有 20 分钟的"暮省"，用来反省一天的学习和生活。

每天 30 分钟的"晨诵"，开启了学生一天的学习生活。近日，笔者在班主任孔庆龙老师所在班级的教室里，领略了一场超乎想象的精彩诵读盛宴。

"晨诵"由一位男生主持，学习目标是背诵一段《笠翁对韵》，可学习形式却花样迭出：有领诵、齐诵，个人诵、小组诵，男生诵、女生诵；或击掌而诵，或拍桌而读；时而吟唱，时而朗诵；或站立，或"接龙"而行……热闹非凡，激情洋溢。在 30 分钟里，学生们不但轻轻松松背会了一段《笠翁对韵》，还"温故而知新"地背诵了以前学过的几十首古诗，朗读了文言文版的寓言故事《守株待兔》。学生们的学习内容之多，兴趣之浓厚，收获之大，如果不身临其境，是难以想象的。

可以推想，这所小学的学生每天如此，六年下来，将会打下多么深厚的文学功底。

小学阶段是人的一生中记诵的最佳时段，一旦错过，终生将不复来。曲阜市济宁学院第二附属小学紧紧抓住这个时不再来的"采摘机遇"，让学生从小就具备了腹有诗书的"童子功"。这种"功夫"不但可以丰富学生的精

神生活，还会为其未来成长埋下一颗优质的种子，到了一定的生命节点，它就会破土而出，以至长成参天大树。

"午读"时间，笔者走进几个教室，看到学生们一个个津津有味地在读着书，《童年》《简·爱》《老人与海》《斑羚飞渡》《小橘灯》……不仅有中国经典文学，还有世界名著，这些都已经成了他们爱不释手的读物。恰如歌德所言："读一本好书，就是和高尚的人谈话。"学生们天天和"高尚的人谈话"，也就有了"蓬生麻中，不扶而直"的"走势"。让学生尽情汲取优秀文化的滋养，对其人格的形成，也会起到极大的促进作用。

据戴荔老师讲，因为《鲁滨孙漂流记》和《汤姆·索亚历险记》的部分内容被收录到语文课本六年级下册第四单元中，但是课本中所呈现的往往是相对独立的情节或片段，难以引领学生深入品味原著的思想内涵，所以师生们就将这两部小说作为"午读"内容。学生读了这两部小说之后，再看课文时，对故事情节和思想内涵都有了更深刻的理解和把握。

叶圣陶先生说："教材无非是个例子。"然而，有些语文教师却将教材当成学生学习的全部，这就常常使得学生错失了更为广阔的认知空间。曲阜市济宁学院第二附属小学的师生则不然，他们从"例子"拓展到书的海洋，阅读了大量的优秀文学作品。学生们书读得多了，写起作文来下笔如有神，很多学生的作文写得越来越有深度和水平。

孔子的高足曾子说："吾日三省吾身。"因为通过内省，可以有效地促进学生形成君子人格。

曲阜市济宁学院第二附属小学每天下午放学前20分钟的"暮省"，是学生反思一天的学习情况的一种有效的途径。这个时段，学生不是急于回家，而是静下心来，反思自己一天内在哪些方面做得不足，进而思考如何改正，然后还要把反思的经过和具体的改正做法写成文字，作为日志留存。有的时候，学生聚在一起讨论，看看哪些同学有良好的表现，从而自觉自愿地向他们靠拢。这样，思与学的过程就不只停留于记忆训练，学生在自我思考与思想交流中自觉"修身"，进而成长为真实、日趋向善的人。

李成泉校长认为，向善是人之共性，尤其是孩子。学生中的某些

李成泉

问题与错误，从本质上来说，并非思想问题，而是习惯与心理问题。不过，这些问题如果得不到及时解决，错误得不到及时改正，就有可能积少成多，以致出现不好的后果。通过"暮省"，就会如《周易》上称道的具有君子人格的颜回那样："有不善未尝不知，知之未尝复行也。"于是，"不远复，无祇悔，元吉"也就有可能成为现实。

四、济南第十四中学：以学生为本的课程构建

自2001年以来，广大中小学对课程改革的探索就没有停止过。不得不承认，直到今天，对于不少学校来说，课程改革依然是一道难解的"方程"，从课程改革到撬动育人模式的变革更是难上加难。济南第十四中学育人模式的变革，从开始的艰难跋涉，到行进途中的不停探索，再到如今初见成果，也许会给更多学校带来启示。

课程改革的基本立场，就是对教育理念及其价值的始终坚守。济南第

十四中学的改革，从开启之日起，就确定了以学生为中心的理念。在整个改革的过程中，学校从来没有忘记以学生为中心的出发点。学校老师们整合学科内容、重构课程体系、改革课堂教学，将"以学生为中心"贯穿于教学的全程，于是学生"按需所学"变成了现实。

1."普通老师"的课程研发

课程构建作为课程改革的问题关键，其核心在于教师对已成型的教育观念进行彻底的自我反思和重建。对于刚开始参与课程构建的所有教师来说，毫无疑问这是一场艰难的"战斗"。

要想创造"适宜每一位学生发展的教育"，就需要构建相应的课程体系。北京市十一学校的勇敢探索已经积累了丰富的理论和实践经验。那么，作为其联盟校的济南第十四中学，借鉴一下现有的成果，不是最简单的方式吗？

据课程研究院院长原美玲讲，从2015年12月学校进行课程改革之初，他们便拿到了北京市十一学校初中部的几十本自编课程资源，只要将其稍加修改就能形成济南第十四中学的课程体系。可很快他们就发现，这些课程根本不能直接用，这些课程更多地关注学生的发展需求，渗透了更多本土化的经验。由于两所学校的师资水平与生源群体以及所在地的考纲都大不一样，离开课程开发的原生文化场域，这些成功的教学改革的经验就"水土不服"了。济南第十四中学的课程改革团队明确意识到，必须将以往单纯关注"教什么"或者"改什么"的修复性构建意识，转变为对本校教育场域的适应性改革的研究，对"怎样教"的问题进行批判性思考。

别人开发的成熟课程不能用，自己又没有传统可以传承，对于没有课程开发经验的济南第十四中学来说，要想构建属于自己的课程体系，真的是一件困难的事情。不过，"世上无难事，只怕有心人"。济南第十四中学的教师们领悟北京市十一学校的课程理念，在北京市十一学校教师们的帮助下，开始了构建自己学校课程体系的艰难探索。

探索的过程也是积淀的过程。构建新的课程体系需要专业智慧，也需要拼搏精神。从明晰学校课程功能的定位，到重构课程组织、调整课程结构，再到总体协调课程实施过程，济南第十四中学致力于建构一个具有组织化的课程整体，一个以"学"为中心的育人整体。参与课程建设的教师，不但在工作日充分利用时间来研究，而且在节假日也全身心地投入到研究之中。在集体封闭式研究期间，常常出现这样的情景：集体研究进行到晚上11点多，教师们已经走到各自的房间门口准备休息了，可他们非要再聊一会儿不可。于是，教师们又开始小声而认真地交流起来。

正是在课程构建中，教师们不知不觉地走到了学术专业研究的道路上，从而生成了一种支撑自己快速发展的巨大力量。于是，教师们就有了一种新的领悟：在专业领域的不懈追求应该是职业发展的内在驱动力。

蓦然回首，老师们发现，忙碌、思考、研究、学习构成了他们生活的常态。生物学科主任袁红云老师说："忙得连抱怨的时间都没有了！"

每每想到这些，杨荣耀校长就感慨不已："从开始决定课程改革那一天起，往前所走的每一步都是挑战，每一天都会遇到新问题。正是在全身心迎接这种前所未有的挑战中，教师们破解了一个又一个难题。课程离学生的需求越来越近了，学生在课程的支持下，发展得越来越好了。"

经过四次封闭研究后，2016年8月30日，首批课程资源终于形成。当大家迫不及待地打开这些各科教师日夜努力修订出来的课程资源时，很多老师感慨就像"捧着自己亲

杨荣耀

生的孩子"一样，百感交集。无数日夜的潜心研学，赋予了这批课程资源独有的课程属性与课程文化。尤其是将这些课程资源发到学生的手上后，教师们心中更是感慨万千。他们惊讶地发现，自己竟然有着如此之大的潜力。

2. 打造"适合每一位学生"的课程

自2016年1月课程体系建设之始，杨荣耀校长就十分明确与坚定地对教师们说，课程是学校的产品，只有打造优质课程，学校才能向前发展。课程的质量高低和丰富程度，决定着学生的发展走向。"学"为所有课程蕴含的中心教育思想，即对所有学生学习能力的积极关照，对每个学生学习过程的实时追踪，以及对全体学生当下学习状态的深刻关怀。为此，构建以"学"为中心的课程体系，需要了解学生的内在需求，构建支持他们主动发展和自主发展的课程体系，让丰富多彩的课程成为学生们快乐与高效学习的载体。

基于此，教师们本着"因材施教"的原则，明确课程建设的目标——对国家课程、地方课程进行校本化设计，构建综合、分层、分类、特需的课程体系。其中，既有必选课程，也有自选课程，必选课程中还有分层必选课程、分类必选课程、分时必选课程等。课程体系包括70个学科课程、28个综合实践课程等。除了道德法治、初中基础语文、初中英语、基础体育等几门课程不能选择外，其他课程都是可以选择的，可选择性达到了95%。新型课程体系的建立赋予学生自主选择课程的权利，实现了一个学生一张课表，更大限度地创造个性化学习，使学生的学习过程更符合学科规律、认知规律与学习规律。

有着24年教龄的数学学科主任王秋灵老师简明扼要地谈到了他们研发的三个层级的数学课程。初一上学期，全体学生按照统一的进度和要求学习数学Ⅰ。从初一下学期（第二学段）开始，学校设置数学Ⅰ、数学Ⅱ、数学Ⅲ

的分层课程。学生根据自己的学习情况和学习状态，选择适合自己的分层课程进行学习。数学Ⅰ的开发定位是夯实基础，适合基础较弱和学习习惯与学习方法需要加强的学生选择。该课程主要以教师提供知识框架和基础知识的讲解为主。数学Ⅱ适合基础较好并有一定自主学习能力的学生选择。该课程以初中阶段的知识框架体系为基础，对所学知识进行一定的拓宽加深，学生可以通过自主学习、小组讨论和典型例题讲解等多种方式进行学习。数学Ⅲ对初中和高中数学进行了一定的整合，该套教材适合自学能力较强并且学有余力的学生选择。

数学分层教学设计的核心，不再按照学生的数学成绩和能力水平人为划定等级，而是让学生自主选择每个层级中的知识内容。允许他们在学习过程中进行调层，从而找到适合自己发展需要的层级。

在教学实践中，教师们感动于这套课程体系的优越性的同时，更意识到修订与完善这套体系的重要性。课程建设永远没有尽头，即使在首批课程刚刚问世之时，很多教师发现其中还有诸多不足之处，希望让这套教材变得更加完美。

课程改革需要不断的推进和坚持，这是一个漫长的旅程。济南第十四中学在课程改革创新过程中，不断调整课程理念向课程实践转化的方向，不断改进课程体系与课程结构内在逻辑的思路，不断推进学校既有教育资源转化为影响学生现实发展的积极因素，体现出其坚守课程改革的价值立场与教育信念。

3. 课程产品交易会让学生进行"智慧"交易

德国教育心理学家艾默曾提出，老师的所有行为与活动，皆旨在培养学生教育活动的参与感与合作感。课程的建设同样不可缺少学生作为课程开发主体的理念与实践。济南第十四中学在课程构建中也让学生走到前台参与课程构建。尽管这种构建并不系统，也缺少学术研究的成分，却因学生积极主动的参与，让课程的构建活动更加有意义。

2018年10月，济南第十四中学举办了第二届课程产品交易会。在交易会上，学生参与者之多、积极性之高、创意之丰富，让教师们都始料未及。学生们精心制作的彰显个性特征的艺术品、装帧精美且图文并茂的作文集、"一带一路"的规划图等，都成为交易会上的热销产品。在交易会上，学生不但要交易产品，更要形象生动地说明产品的特性、制作这种产品的意图，以及运用了哪些知识等。

杨荣耀校长说，举办课程产品交易会，也许对学生提高考试成绩未必有立竿见影的效果，可对于他们的综合素养及未来成长却大有意义。在整个过程中，学生不但要动脑想，还要动手做。有的时候，学生还要与他人沟通与合作。这大大地激发了学生探索的兴趣，有助于培养学生们的创造性，从而为其未来走向社会积累创造价值的能量。

杨荣耀校长在交易会现场目睹了一个有趣的交易事件——一个学生从市场上进了一批背上有激光打印图案的小乌龟，这个产品在交易会上异常火爆。该产品定价为6元1只，10元两只，很快便销售一空。其中有一个学生买了两只小乌龟后，见小乌龟销量极佳，认定高价卖出手中的小乌龟亦有可能。于是，待原卖家把那批小乌龟卖完之后，当有人提出还想买的时候，他便说自己还有一只可以出售。当买者问其价格时，他毫不含糊地说："10元1只。"买者也不还价，交给他10元后心满意足地离去了。也就是说，这个学生分文未花，白得了一只小乌龟。杨荣耀校长说："我们不能用传统的观念认为这种行为是投机倒把。这件小事可以反映两个问题：一是市场有需求；二是这个学生头脑非常灵活，并具备一定的判断力，以及策划运作的能力。这些不也是一个人在未来生活和工作中需要具备的能力和素质吗？"

教育的本质是什么？是唤醒与发现，是帮助每一个学生发现自己，并成为更好的自己。杨荣耀校长说,学校构建的课程,以及让学生们参与研发课程,会让他们的学习与生活变得丰富而有意义,会让他们发现更好的自己。于是,他们不但喜欢上了课程,也喜欢上了学校。

五、南明教育集团:启迪灵性、升华境界的智慧课程

南明教育集团总校长、全人之美课程总设计师、全人之美课程院院长干国祥认为,他所构建的智慧课程具有启迪灵性、升华境界的特质。

说起智慧课程,有的人认为就是传统意义上的语文、数学、英语等学科方面的课程。确实,它是基于学科课程设计的一类课程,不过它与一般意义上的学科课程又有着不小的差别。学科课程更多立足于学生的知识增长等方面,而智慧课程不仅关注学生知识的增长,而且它将重点放在学生智慧的生成。知识与智慧有着一定的联系,可是从本质意义上说,知识关注的是具体的事物,更多在形而下的层次;而智慧则关注的是人的灵性,具有更多形而上的特质。

干国祥校长认为,知识的生成即智慧,智慧的成果是知识。但学生面对的往往是已经被证实的知识,而不再需要"智慧"。因此,南明教育集团的智慧课程,就特别重视知识的重新创生。南明教育集

干国祥

团的教师们认为，知识的重新创生就蕴含着智慧的培育，换一种表达，就是把知识还原为事物理解的过程和问题解决的过程。

那么，孩子有生成智慧的可能性吗？答案是肯定的。每一个孩子天生就具有巨大的生命潜能，都有生成智慧的可能性。诚如孟子所言，良知良能，人生而有之，他甚至说"人皆可以为尧舜"。

可现实中，一般人休说成为尧舜，即使能拥有更多一点儿的智慧也是件很难的事情。原因何在？一是因为从小受家庭等环境的影响，不少学生的智慧在尚未萌发的时候，就慢慢地被遮蔽了。二是因为后天的影响，应试教育让不少学生原有的潜能更多处于沉睡状态，更遑论生成智慧了。这显然不是学生本然的生命状态与诉求。唤醒孩子沉睡的潜能，化知为智，就会带来一个又一个惊喜。

智慧课程则唤醒了孩子沉睡的潜能，不但让他们拥有了必备的知识，还让他们拥有了更多的智慧。用干国祥的话说，就是通过智慧课程，充实孩子们的知识，开发孩子们的思维，启迪孩子们的灵性，升华孩子们的境界，从而让他们拥有一定的智慧、自由的思想和独立的精神。

为此，智慧课程的教材，重新构建了核心知识体系，重点在培养孩子的思考能力和创造能力，激发孩子的潜能，让批判性思维在教与学中常态化地出现。

干国祥校长认为，阅读应当成为语文课程的主体，这是小学阶段最重要的一件事情。一年级是阅读故事和绘本；二年级是阅读桥梁书；三年级、四年级的阅读量要达到几千万字；到了五、六年级就转成慢阅读、精细化的阅读。

每天的晨诵课，有儿歌童谣、唐诗宋词、西方经典诗歌……按每日诵读一首计算，一年便超过一百首。每天早晨，每间教室都是从吟诵诗歌正式开启一天校园生活的。从拍手跺脚打着节奏的儿歌童谣，到每天一首唐诗宋词的"农历的天空下",再到《吉檀迦利》和儒家、道家的经典选文。到五年级的时候,学生们大都阅读了四千万字左右的作品。看看干国祥所选的书目,我们就会发现,他选的都是上乘之作。即使是低年级学生阅读的绘本、儿歌、童谣等,也在通俗易懂的文字中摇曳着高雅的生命情趣。至于中高年级学生阅读的经典之作,则更具有文化品位与思想要义。其实,真正意义上的好书,其中几乎都包含深刻的思想内涵和人生哲理。读这样的书,无异于聆听大师的教诲,以至与他们进行心灵对话。因此,这样的好书读得久了,读得多了,智慧自然就会生成,心灵必然得到净化,境界也会在水到渠成的过程中得到提升。

据干国祥校长讲,在两个月的时间内,学生已经学了十多篇传记,而且呈现出兴致盎然的学习状态。

也许有人会提出质疑,课程难度如此之大,学生能学会吗?其实,人们往往低估了学生的学习潜能,他们不但可以学会,而且还学得很好,进而学会了自主学习,甚至还学得饶有趣味。《学记》有言:"善学者,师逸而功倍,又从而庸之。"而学生会学乐学,才是学习的至高境界。

南明教育集团的智慧课程包括童话剧、晨诵、海量阅读、探究型学习、文言文阅读。结合道德人格图谱和需求层次的读写等,南明教育集团提出了完全不同于目前学界流行的"语文观",语文学科的概念在这个智慧课程系统中已经淡化。

如果你能看到学生的阅读批注,一定会惊诧于学生为何会有如此之高的学习力。平时老师们认为学生不可能读懂的作品,他们不但可以读懂,而且还读出了自己的看法和观点,其所思所感处处闪烁着智慧之光。

童话剧则是南明教育集团的综合课程项目,剧本是由老师们依据自己教室的场地情况挑选并改编的,所有学生都要参与其中。学生们可以从中挑选适合自己或自己喜欢的角色,但主角的竞争非常激烈,往往很难竞争到。不过,最终所有的孩子都有机会上场。迄今为止,孩子们在童话剧场上已经演出过莎士比亚的《麦克白》《李尔王》《暴风雨》《哈姆莱特》《威尼斯商人》等剧作。而第一届六年级学生在上学期演出的剧目是古希腊悲剧《俄狄浦斯王》和《安提戈涅》。他们毕业时,两个班级联合演出了古希腊悲剧《阿伽门农》《俄瑞斯忒斯》。

鲁迅先生从美学角度给悲剧下过这样的定义:悲剧是将人生有价值的东西毁灭给人看。正是从真善美集于一身的人物的毁灭中,人们的心灵受到巨大的震撼,从而产生特殊的审美效果与教育力量。如果不亲临其境,是很难想象学生所具有的那种审美情感与能力的。

随着学生阅读的深入和智慧的生成,教师也必须进行大量的阅读,不断提升自身的文化水平和能力,不然就无法面对高品质阅读的学生。于是,《学记》上所讲的"教学相长",也就成了"不令而行"的必然。

目前,南明教育集团的小学语文教师,几乎都认真阅读了《世说新语》《三国志》,有的还通读了《莎士比亚全集》。据说这还是最基础的阅读书目,很多教师还沉浸到美学、文论、解释学、心理学专著和哲学名著等更专业的书籍中。通过阅读,教师不仅开阔了眼界,增长了知识,更重要的是,他们从中外经典名著中,感受到了文学的无穷魅力,并让自己的审美趣味和思想跃入了一个更高的层次。南明教育集团因为有了智慧课程,让每一位教师和学生有了递升式的发展,发展到一定阶段时甚至还会产生质的飞跃。

目前,南明教育集团已经拥有了这样一批教师,他们虽然在教育界暂时没有名气,但已经具备了名师的底气与能量,只要一有机会,就会扶摇直上,翱翔于中国教学界的舞台上。恰如孔子所说:"无欲速,无见小利;欲速,则不达,见小利,则大事不成。"干国祥校长不是不想让教师们成名,而是觉得他们还需要积淀,希望他们拥有更多的教学经验和更丰沛的智慧,这样才能在未来的教学之路上走得更远。

正是基于这种思考，干国祥校长为教师们走向成功搭建了一个又一个舞台。他很真诚地说，他虽然是整个课程构建的总设计师，但绝对不是全知全能者，在某些领域，有的教师比他研究得更深、更好。

比如数学课程，南明教育集团依据"创造数学、发明数学、享受数学"和"数学精彩观念的诞生""像数学家一样思考"的原则，重构整个数学课程体系。数学特级教师王之江，经过两年的时间，用全人理念开发了从幼儿园到初中的数学智慧课程，还计划开发高中数学智慧课程。干国祥校长说，如果没有王之江，南明教育集团的数学课程不可能发展得这样好。其他智慧课程的开发也是这样，应当让有能力、有才华的教师走到台前，用他们的智慧开发出真正的智慧课程。而干国祥校长主要是利用南明教育集团的全人之美课程，为教师提供一个基础平台，利用高频且有深度的对话，点燃每位教师的灵感，让学校的每位教师都能各尽其能，都能有所成长和获得成功。在他看来，只有坚守成人之美的原则，才能让群体的智慧照亮南明教育集团。

除了数学课程，还有好多其他课程由具有丰厚文化底蕴的教师进行设计。比如英语课程，增加了英语儿歌、英语歌曲、电影配音、小短剧、英文原著和《新概念英语》的内容，学生学到的英语知识更丰富、更全面，学起来也更轻松、更快乐。而音乐课程则是由外聘的职业歌手进行授课。

《周易·系辞上》有言："二人同心，其利断金；同心之言，其臭如兰。"干国祥校长认为，不管是现在还是未来，都是一个合作共赢的时代。整个团队合作起来，才能走向远方。

干国祥校长是整个南明教育集团课程构建中的灵魂人物，没有他，就没有南明教育集团的课程体系。可是他却非常低调，他说他绝对不能贪天之功，南明教育集团人才济济，只有让他们各自发挥所长，让每个人都有施展自己才华的舞台，南明教育集团才会发展得越来越好。

六、广西柳州市第十四中学：演绎精彩的街舞与竹竿舞

广西柳州市第十四中学（以下简称"柳州十四中"）广泛开展街舞与竹竿舞的项目，它并非一般意义上的体育或者娱乐活动，而是与学生的自身发展有着密切关系的精神生命课程。

1. 街舞团队从无到有屡获佳绩

久闻柳州十四中的街舞团队在全国乃至世界大赛中屡屡荣获冠军，当笔者走进这所学校亲自观看学生们的表演时，瞬间便被震撼了。学生们手腕和手臂快速旋转，动作干脆利落又刚柔相济，凌空跳跃的迅猛与动作的突然定格，伴以铿锵有力而又富有节奏感的音乐，最终汇聚成一篇富有狂野气息而又不失壮丽之美的乐章。所有在场的人都情不自禁地为学生们的精彩表演拍手叫绝、赞叹不已。

也许有人认为，柳州十四中肯定是一所有着几十年街舞教学传统的学校，不然绝对不可能屡获佳绩。其实，在 2001 年之前，休说学生，即使教师，对街舞也知之甚少，更遑论有何兴趣与研究了。

据学校的利泠沄书记讲，当时学校教学质量低下，教师精神不振，学生情绪低落，不仅语文、数学、英语等学科成绩较差，就是参加体育比赛也没有获得任何奖项。可自从开设街舞课程之后，学校在各个方面都有了巨大的变化。

街舞看似狂放不羁，但是其中的每个动作都需要舞者进行严格的控制，学生在训练与比赛的时候，只有进入忘我的专注境界，才能将动作完成得比

较完美与流畅。无疑，这培养了学生的专注力。同时，街舞中快节奏与高难度的动作，训练起来会消耗学生们很大的精力和体力，但为了学好街舞并通过比赛为校争光，他们又要克服困难坚持训练下去。这培养了他们拼搏向上的精神与坚韧不拔的意志。而且，街舞表演是一个需要集体协作的项目，学生在训练与比赛的时候，如果没有齐心协力的配合与合作，就不可能走向成功，这又于无形中培养了学生的合作精神。

当学生拥有了专注力、意志力和合作精神后，不但会更好地提高街舞的艺术水平，还会提高学习效率与考试成绩。

2013年11月，在全国啦啦操联赛暨中国啦啦操之星争霸赛（南宁站）中，柳州十四中街舞团队一出场，便用精妙绝伦的舞姿与朝气蓬勃的青春斗志吸引了全场观众的目光。他们一路过关斩将，从152个参赛队伍中脱颖而出，勇夺中学组街舞舞蹈啦啦操规定动作冠军，以及中学组自由舞蹈啦啦操自选动作第二名。

首次获奖的队员们激动地拥抱在一起，任幸福的泪水在脸上肆意地流淌。

当街舞团队载誉而归，走进柳州十四中校门的时候，全校师生都自发站在校门口迎接他们并报以热烈的掌声。

初获成功带给学生们信心与力量的同时，也让他们有了更高的目标。他们因此更加努力训练，向着更高的层次挺进。功夫不负有心人，他们不但在全国大赛中连创佳绩，更是在国际大赛中崭露头角。

柳州十四中的街舞团队从2012年起到现在已经获得40多个国家级比赛的冠军，并在三次国际大赛中荣获了一块银牌、两块金牌。如果不是事实摆在面前，谁敢相信在强手如林的大赛中，这些普通的初中生竟然创造了如此令人称赞的奇迹！当自信与骄傲写在这群学生脸上的时候，谁敢相信在几年前，他们还对街舞一无所知，甚至毫无兴趣呢！

2. 竹竿舞摇曳出美妙的民族风情

笔者每每在电视等媒体上看到具有南国风情的竹竿舞时，激动和愉悦之情便在心中涌动起来，于是便想，何时能在现实中一睹这一舞蹈的风采，定然会别有一番情趣与味道。

2019年12月的广西之行，让我第一次现场领略了竹竿舞的动人与美妙。竹竿舞的表演就在柳州十四中的体育馆里，当时的场景迄今还常常浮现在我的脑海里。学生在竹竿一分一合的瞬间，机敏地进退、上下跳跃的时候，还不时潇洒自如地做着各种优美的动作。开始的时候，看着持竿的学生或坐或蹲或站而迅速地变换着竹竿的分合升降，真担心哪一个学生突然被竹竿夹住或绊倒。可不一会儿，我便发现自己纯属杞人忧天，伴着有节奏的碰击声和响亮的吆喝声，这些跳舞高手展现出来的民族舞蹈中的韵律之美，以及洋溢在他们脸上的从容与自信，已经浑然一体地构成了一篇和谐曼妙的民族乐章。这不由得让我想起庖丁解牛时文惠君的惊叹之语："技盖至此乎？"

柳州十四中之所以开设竹竿舞课程，是因为竹竿舞是广西侗族、壮族等少数民族的一个传统民俗项目。在有盛大活动或节日庆典时，这些少数民族地区的人们都会跳起热闹的竹竿舞。秉持传承中华传统民族文化的初心，学校自觉承担起传承这一传统民俗项目的使命。

竹竿舞对于学生的身心健康和全面发展有着非同寻常的意义。一是竹竿舞具有欢快活泼的特性，与学生的心性有着天然的联系。正如《中庸》所言："天命之谓性，率性之谓道。"率性而舞，符合学生的成长规律。二是学生在跳竹竿舞时需要不停地跳跃，这不但提高了学生们的弹跳力，而且增加了他们的肺活量，对身体健康有着很大的益处。三是竹竿舞所具有的节奏感与韵律美，让学生们在跳舞过程中形成了较高的审美趣味，增加了对传统民族文化的认可感和归属感。

正因如此，学校刚开始号召学生参加竹竿舞训练时，就收到了积极的响应。

为了更快地在学生中推广竹竿舞，学校还采取了"兵教兵"的教学方法。据黎桦老师讲，刚开始教竹竿舞的时候，他们将跳竹竿舞的学生分为五个组，先从每个组中选出几个有一定基础的学生进行培训，然后再让他们去教其他学生。

"兵教兵"的教学方法产生了超乎想象的效果。因为第一批学生学会之后，再以"小师傅"的身份去教其他学生的时候，有种被认可的成就感，所以教起来也格外认真。加上学生之间交流起来更加容易，不久后，一支拥有百余人的竹竿舞团队应运而生。

老师的认真负责以及"小师傅"的不断增加，让竹竿舞的队伍越来越大，最终竹竿舞在学校成了一个普及性的体育项目。

跳竹竿舞一方面给学生们带来乐趣，另一方面激发了他们的创新意识。学生们除了学跳已有的竹竿舞，还开始自编自创新的竹竿舞，创作了很多别具一格又妙趣横生的改编竹竿舞。

目前，竹竿舞这一课程不但成了柳州十四中的特色课程，也成了和街舞相得益彰的另一个品牌。

3. 学生的精神面貌发生改变

街舞与竹竿舞项目的从无到有，不仅为学校争得了荣誉，还让学生在参与的过程中提高了自信心，培养了坚韧的意志，让他们的精神面貌发生了改变。

（1）在课堂上变得活跃起来

柳州十四中的学生大多来自生活条件较为艰苦的外来务工家庭，由于父母工作繁忙，对学生的学习缺少关注和督促，有些学生的学习成绩不理想，以致在课堂上不敢回答老师的问题，甚至不敢说话。可是，当他们参加了街舞团队和竹竿舞团队之后，他们在课堂上的表现焕然一新。

据数学老师甘赟讲，以前在课堂上，有些学生因为学习困难头都抬不起来，那种自卑与痛苦常常让老师心疼不已。可参加街舞团队和竹竿舞团队之后，他们的性格发生了很大的改变，成绩也有了很大的进步，在课堂也会大胆地发言，即使回答错了也不灰心丧气。起初，她还担心这些学习成绩一般的学生，再花费那么多的时间进行街舞和竹竿舞训练，学习成绩不会变得更差吗？可事实并非如此，参加街舞团队和竹竿舞团队的学生的学习成绩都有了不同程度的提高。柳州十四中学生2019年的高中录取率比2014年的录取率翻了一倍多。

张鑫老师对笔者说，她的班里有一个叫杨佳晓的女生，原本是一个非常内向的小姑娘，初练竹竿舞的时候，总是一声不响地躲在旁边，不敢走进竹竿舞的训练中去。可当她看到同学们一个个兴高采烈地跳起来的时候，她也慢慢地融入其中，而且跳得越来越好。自从参加了竹竿舞的训练，她的性格也发生了很大的改变。以前几乎不敢举手发言的她，如今胆子逐渐大了起来，不但积极举手发言，而且学习成绩也在不断地提高。

学习成绩的提升，与学习时间的多少有关，更与学习的专注度和心理状态有关。学生参加街舞与竹竿舞的训练，不仅培养了专注力、拼搏的精神和坚强的意志，还培养了积极向上的心态。持有这种精神面貌的学生在学习上会知难而进，成绩的提高也就成了必然。

（2）从自卑走向自信

当参加街舞课程的沈华静、黄爱丹、黄龙成和参加竹竿舞课程的韦秋英、吴雅琪等同学接受笔者采访的时候，笔者不敢相信他们曾是情绪低沉和缺乏自信的学生，那一张张充满灿烂笑容的脸上洋溢着自信的光彩。当笔者问其何以会有如此之好的心理状态时，他们便争相谈论了起来。这些以前自卑、害羞甚至见了生人都不敢抬头说话的学生，在街舞和竹竿舞训练中将体内积蓄已久的生命能量释放了出来。在各种国内甚至国际大赛中获得奖项和认可后，他们的自信心便被激发出来，不仅提高了学习成绩，整个人的精神状态也发生了很大的变化。

正如杨矗校长所说："以前老师、同学和家长都认为不行的孩子，现在看来不但能行，而且可以在世界级大赛中获奖。"于是，老师、同学们也一改往日的看法，对他们刮目相看，大加赞扬。

杨 矗

这时候，学生的心理状态也从"我不行"跃升到"我能行"。这种积极自信的心态不仅让他们在街舞大赛中放射出耀眼的光芒，而且对其学习、生活以及未来的发展都会产生积极的影响。

自信是走向成功的必备品质，它不但可以改变学生当下的精神面貌，还有可能改变其未来的人生道路。由此观之，柳州十四中开设的街舞和竹竿舞课程，已经不再是单纯的体育和娱乐项目，而是升华成了培养坚毅品质、练就豁达心态、提高精神面貌的灵魂工程。

第二讲 变革课堂，学为中心

在谈到以学生为主体和以学为中心的时候，也许有的教师会说："我们如此辛苦地教，如此精心地备课，很多学生还学不好呢。如果让学生自主来学，能学好吗？许多家长也提出了类似的质疑。其实学生是有这个能力的，只是常常被教师与家长有意无意地忽略掉了。不少教师和家长忽视了学生的自我学习能力和自我研究的能力，甚至可以说有的教师和家长根本不知道学生具备这种能力，于是在无形中便扼杀了学生这种巨大的潜能。

事实上，教师不讲，学生可以学会的东西更多，这出乎教师的意料，也超乎某些专家的预想。学生一旦成为学习的主人，由于集体智慧与个体积极性相融合，他们便会在课堂上焕发出奇异的光彩。恰如苏霍姆林斯基所说："每一个孩子就其天性来说都是诗人，但是，要让他心里的诗的琴弦响起来。"

学生为主体的时候，教学方式与学习方法就会发生巨大的变化。课堂教学发生"三个转变"。一是学生学习形式由"供应式"向"超市式"转变，课堂教学由"一言堂"变成了"百家争鸣"，学生由精英式的学习变成全员式的参与。学生充分发挥在知识学习中的主观能动性和自主选择性，自由选择从哪些材料中学习，学习什么，完全由自己做主。这一转变改变了学生被动接受知识、教师教什么学生学什么的习惯。二是教师教学由"注入式"向"发动式"转变。教师在课堂上要"相信学生、利用学生、发展学生"，不能唱独角戏，要由"讲"到"动"，使课堂成为快乐享受的地方，而不是被动接受、枯燥无味的"看守所"。要打造"艺术课堂"，让学生享受快乐。三是课堂内容由"纯知识型"向"能力、情感、价值观"转变。课堂学习要由知识生成能力，由知识生发情感，培养学生正确的人生观和价值观。

一、魏书生的自主学习

这是笔者通过整理与著名教育家魏书生的现场对话而形成的一篇文章，核心内容是谈论如何自主学习的问题。

在与著名教育家魏书生的对话中，自定计划、自留作业、自出试题、自批互改以及自主学习的实际操作方法，像荷叶上的露珠一样闪着光芒，为学生指出一条如何掌握自主学习的正确道路。

魏书生

1. 自找"病因"——开处方

陶继新：我有一个感觉，就是在他律状态下的学习与在自律状态下的学习相比，二者是有天壤之别的。有些学生是在别人的压力下被迫学习，有些学生则是出于自己的意愿而学习，在同样的单位时间内，呈现的结果是完全不同的。我看您在教学，以及当校长、局长的时候，特别主张学生的自主学习，所以在此也想听魏老师您讲讲关于自主学习方面有怎样的思考，又是怎么去做的。

魏书生：首先，就是得让每个学生产生自己学习的想法。每一个学生都有想学好的欲望，这也是事物发展的基本规律，只要找着这个规律就好办啦。

在课堂上时，我会问学生："同学们啊，我们现在都研究研究，说说咱到学校来，做什么最快乐呢？"学生们纷纷抢着回答："当然是求知最快乐，学东西最快乐，增长能力最快乐……"

我说："是的，学校这个地方不就是给咱快乐的吗？既然是给咱快乐，咱们怎么才能让自己这个欲望得到满足呢？"于是，我开始引导学生制订自我教育计划、自我学习计划。我告诉学生们觉得自己能做哪些事，奔向哪些目标，都要定好计划。我教学以来，反复强调计划的重要性，反复引导一届又一届学生每年制订几次甚至几十次计划，包括长期计划、中期计划、短期计划、整体计划、单项计划……教师是干什么的，教师就是帮助学生把他们的计划制订得更符合自身特点和实际情况的，以达到学校、社会的要求。简而言之，教师是给学生提供参谋建议的人。

学生的情况各不相同，但自我学习的愿望都是一样的。我把莱辛的一句话讲给学生："如果上帝一手拿着真理，一手拿着寻找真理的能力，任凭选择一个的话，我选择寻找真理的能力。"我让他们讨论莱辛为什么这样说，学生很自然地联想到自己的学习情况，有个学生说："如果我们有了归纳文章中心思想的能力，那么没有老师教，自己也能归纳出文章的中心思想。"学生的发言充分说明了学生们渴求获得自主学习能力的愿望。

同时，我也会引领学生们讨论传统授课法的利弊，让学生自己在分析中做出选择。各类学生对传统授课法的认识不甚一致：学习差的学生对传统授课法最反感，他们谈了许多切身的苦处，如听不懂之苦、跟不上之苦、"陪坐"之苦等。学习中等的学生觉得在以讲授为主的课堂上虽然也学到了一点知识，但更多的时间是在无效学习。听教师讲解时感觉非常清晰明白，但过后一回忆，留在脑子里的知识却寥寥无几。思维力、想象力较强的学习尖子生，则觉得应该自己思考的地方都被教师讲到了，在讲授为主的课堂上，他们的思维好像被捆住了一样。也有极少数记忆型的、基础知识较好的学生，认为传统授课法利弊相等，好处是教师该讲的都讲清楚了，答案比较明确，自己可以放心地照着背；坏处是现在考试经常出课本以外的题目，教师没讲过，自己就不会做了。讨论结果是绝大部分同学认为传统授课法弊大于利。在讲授为主的课堂上，学生成了容器，而不是学习的主人。经过这样的讨论后，学生在理性层面达成了共识，认为自主学习比传统授课法更好。

因此，在我的课堂上学生们开始实行自主学习。上课时，学生们拿出学习材料，开始自学；遇到问题，自己查找资料解决；自己解决不了，找其他同学一起商量；没有商量出结果，再来问我。我从1994年开始培养学生自主学习的能力，很少讲课。有的人说我讲课太少，我那时候一听，就有点儿来气，不是嫌我讲课少吗？我干脆就一篇也不讲。我虽然一篇课文也不讲，但我的学生们在升学考试中照样成绩领先。把学生当成学习的主人，培养不同学生的个性特长，让学生掌握学习的方法，根据自己的水平调整学习的进度，遇到不会的知识点时再来找我解决，效果能不好吗？

2. 自选作业——互批改

陶继新： 伟大的智者克里希那穆提说过："教育就是解放心灵。"没有真正地解放心灵，就没有完全的自主自由，就很难体会到教育之美。

魏书生： 我在教学中，日常作业也是由学生自己布置。不是说我从来都不布置作业，过去也布置过。针对布置作业这件事情，有位同学曾来问过我，让我对这件事情开始重视起来。

学生说："老师，提个意见，您布置的作业我不写行不行？"

我说："那怎么能行？不写作业，成绩怎么能上去？"

"老师，您布置的作业我都会写了，再写不就是由脑力劳动变成体力劳动了？"

我说："没有一定量的训练，能力难以巩固。不写作业，你的听说读写能力怎么能提高啊？"

"老师，我不是不愿意写作业，我是不想写您布置的作业。"

"那你想写什么啊？"

"老师，我想自己布置作业。"

我觉得这个问题很有讨论的价值，于是召开班会，全班同学一块儿讨论：怎样对待老师布置的作业？

大部分同学说："老师，您布置的作业有时候有用，有时候没用，我们觉得有用的时候就写，觉得没用的时候就不写，行吗？"

我说："虽然也有道理，但是要想学得好，还得有一定量的训练啊，怎么办呢？"

学生们经过商量、讨论、争论、辩论后，一致觉得，教师可以不布置作业；教师布置了作业后，如果学生觉得不适合也可以不写，但是必须自己给自己布置定量的作业，内容由自己确定。经过学生共同商量后，最终确定了作业的数量：500个字算一页，每天语文一页，数学两页，英语两页，物理半页，化学半页，老师不突破这个量，学生也要达到这个量。

我说："这个量根据什么制定出来的？"

学生们说："我们商量以后觉得，不同的学科，要求做的作业量、需要训练的量各有不同。比如英语和数学需要大量的训练，才能使知识学得更扎实，所以是两页。"

我说："听起来可行，那咱们就试一试吧。"

在这个量的基础上写什么内容，由学生自己决定，对他们来说，写哪些内容对学习更有帮助、更有效，就写哪些内容，我们管它叫"种自留地"。刚开始实行时我心里还不太踏实，结果一个学期下来，学生的成绩都很好，虽然我们是普通中学，但那一年我所教的学生的成绩超过重点中学学生的成绩。这就坚定了我的信心。以后我的课堂上不再给学生布置作业，由学生自己给自己布置作业，我只有一个量的要求，一页500字，字词句章、文学常识、背诵默写、解题作文等都可以。

陶继新：其实，不仅是作业，任何一件事，当人们感受到是一种由外而来的要求时，即使其本人本来有意愿完成此事，但这种外来的要求会使人不能将关注点放在自己的意愿上，反而只关注这种要求本身，从而使这种要求被当成一种压力，使事情完成的水平和质量都大打折扣。

而魏老师您的放手，不仅在表面上把布置作业这件事交给学生，而且在深层次上把学生主动提升自己的动力激发了出来。当人在一种主动的欲求推动下去做事时，事情往往能够精益求精地完成，而完成过程中人的心态也是兴奋的、快乐的，甚至是幸福的。

1979年诺贝尔和平奖得主、备受尊敬的特蕾莎修女曾说过："工作是最大的休闲活动。"她之所以这样说，就是因为她把工作当成一种主动的、发自内心的事情去做，而非迫于外界压力或在领导的要求之下的被动行为。现在社会上出现了职业倦怠这一说法，我感觉形成的原因之一就是很多人将自己的工作当作是一种被动的、甚至是为上级而做的一件事，从而消弭了自己的主动性和创造性，造成自己体内的能量被压抑、无法释放，只能在体内进行自我攻击，所以才使人精神颓废，身体疲累。因此，您的行为看似是放手，其实是将学生的内在动力和自我实现的愿望激发了出来，从而实现了双赢。

魏书生：万变不离其宗，此道理放之四海而皆准。很多人还问我，魏老师，你看你不布置作业、不批作业，那也不批作文吗？我说作文批什么啊，学生互相批改就可以了。因为我辛辛苦苦地批完了，有很多学生根本不仔细看我的批语，更不研究怎么去改正。

我曾经问过许多语文教师，在语文教学中最辛苦的事是什么？他们都说是批改作文。每班的作文收上来时，高高的一摞就像座大山一样。教师们说：

"我们面前这座'山'搬去又搬来，真不知何时是个尽头啊！"既然这样，我就不自个儿搬了，我从1979年开始，就发动我的学生们一起来搬这座"山"。

于是，我开始教学生如何给别人批作文。先从提出一条意见开始，表达出自己的见解来。渐渐地，学生觉得批改作文挺有意思的，他们学会了看卷面，看格式，看病句，看错字，看篇章结构，看题材，看语言表达方式。久而久之，学生们批改作文的能力越来越强。

学生批改起作文来比我还认真，还仔细，学生觉得批改作文挺有意思，所以他们的积极性很高，大部分学生对同学写的批语的关注程度远远超过我写的批语。让学生互相批改作文后，他们学会了批改作文，在这个过程中又自然地提高了自己的写作能力。

陶继新：可见，自主可以使人无限地发掘自己的潜能。

3. 自出考题——抽评卷

魏书生：1987年末在广东，一位教师问我："魏老师，听说你一个人担任两个班的班主任，还教135名学生的语文课，平时测验你还要刻蜡版印卷子，再评卷，那不累坏了吗？"我说："一点不累。"为什么？因为我从1979年开始就请学生们自己出考试题，互相考，然后学生评卷，我怎么能累呢？

考试由学生出题，有无穷的妙处。试想，如果经常由教师出题，学生拿到试卷，提笔便做，做得来就做，做不出来就撒。长此以往，少数尖子生是越考越能，越能越考，已经成了身经百战的考场战将。而后进的学生总是处于被动应考的地位，又不懂出题的规律，觉得自己的弱点甚多，试题又常常使自己防不胜防，最终变得越来越自卑，导致厌考厌学。

我让学生自己出题，全班一起商量出题的方式：学生先逐个复习知识点，复习后将不会的内容挑出来，把这些内容编成试题。因为试题的标准答案还要由学生自己写出来，这样难点也解决了。有一位后进的学生，上出试题课已经20分钟了，还没出完第三题，一共要出七道题。我问他为什么进度这么慢。他说还没找够最难的题，他担心容易的题考不住别人。

试题出完后，全班轮流抽题，抽到谁出的题答谁的，抽到自己的就重抽。学生答完题后，将试卷和答案交还出题人，出题人根据自己的评分标准评卷。评卷完成后，出题人将评好的试卷交给答题人，答题人可以提出不同意见，双方讨论，如果结果不一致，再找教师最后确定分数。这样的考试方式，调动了学生的积极性，激发了学生的学习热情。无论抽到谁的试题，学生们都认真对待。尖子生抽到尖子生的试题，答得非常认真，抽到后进同学的试题则更不敢怠慢，因为让后进同学挑出许多毛病来就太丢面子了。后进同学答题积极性也很高，有的还能给尖子生指出试题不合理的地方。

很多人问，你看你不布置作业，不批作业，不批作文，学生成绩怎么好呢？打个比方，我现在的身份就像是农业技术员，我教会学生种地的方法，让他们自己研究种什么比较高产，怎么种比较高产，这样土地的收成也就上来了。让学生自己制订学习计划，自己布置作业，互相批改作文，自己出考试题，学生不由自主地觉得，这些事都是他们自己做主，所以更愿意去做。

4. 自学成才——靠信念

陶继新：教师占主导地位的课堂在一定程度上泯灭了很多学生学习的激情。但当教师给学生充足的时间和自由后，让学生拥有学习的主动权，就会调动起他们学习的积极性，让他们自发地开始学习。

我曾经采访过湖北省随县厉山镇第三初级中学原校长马国新。这所学校曾连续六年夺得全县中考第一名的佳绩。

我在这所学校听课的时候发现，他们的课堂就像您说的那样，教师就讲十几分钟，其余时间都让学生自学。结果学生学得热火朝天，显然他们完全具备自学能力。

但是很多教师认为，我教你还教不会呢，你能自己学会吗？其实学生是有这个能力的。如果教师不相信学生，只知道向学生灌输知识，不让学生自己学，久而久之，学生就会形成一种消极的心理暗示：老师不讲我就学不会了。这样学生不仅在课堂上被动接受知识，丧失了主动思考的能力，更重要的是将来走向社会后也只等着别人教，自己不会主动去学习。

这就是为什么现在那么多学生参加完高考，进入大学之后，反而不知道该怎么学习，或者根本不学习，在考试前临时抱佛脚，借同学的笔记抄抄背背。因为大学的教学方法和初中、高中的是不一样的，如果学生想学到更多的知识，全靠自己根据自己的情况进行广泛的学习。没有自学能力的学生进入大学后，根本无法适应，他们已经习惯了被动地接受知识，当需要自己去探究、学习时，就开始不知所措了。于是他们选择逃避，所以就出现了那么多的学生在风华正茂的年华里无所事事、消磨青春、混等毕业的现象。这多么可怕啊！

所以自主学习其实是一种自生之道。咱们自身也是这样啊，魏老师，我的第一学历是专科，您的第一学历也不高，但是您通过自学不断地提升自己，现在成为大学的教授。由此可见，一个人能否做出一番成就，不在于学历的高下，而在于自学能力的高下。

魏书生：我从初中的时候开始自学《哲学讲义》《辩证唯物主义讲课提纲》等书，我想我之所以能取得今天的成就，很大的原因是我具备了自学的能力。我觉得自学应该是学习最主要的方式，也是最容易发挥人的潜能的方式，古今中外很多杰出人物都是自学成才的，比如鲁迅、华罗庚、高尔基、海伦、爱迪生等。

但自学也是最困难的。原来我觉得，只要有较强的记忆力、集中的注意力、敏锐的观察力、丰富的想象力，便能够自学到广泛的知识了。但现实生活让我有了新的认识：智力因素在自学成绩中只有一小半的功劳，一多半的功劳属于非智力因素，即人的理想、情感、意志、性格等。

我于1968年从沈阳下乡到盘锦，每天都在繁重的体力劳动中度过，到晚上累得浑身像散了架一样，真不想再摸书本自学了。在进退两难之间，我竭力唤起自己对学习的热爱和努力改变现状的信念，信念又点燃了意志的发动机，于是我每天在筋疲力尽的状态下还坚持读有关哲学、政治经济学的论著。

后来到了工厂，我当时身体瘦弱，体质很差，在一次繁重的义务劳动中右臂意外受伤，造成粉碎性骨折。在这种情况下，我头脑中安于现状与为理想而刻苦学习的这两种选择像天平一样摆来摆去。我用意志的砝码稳住上进的一端，和同宿舍的年轻工人们制订了自学课程表，学习内容包括政治、语文、数学、物理、化学等学科。

后来，改革开放后，我的生活条件变好了，工作也繁忙起来，但我还是自学了教育学、心理学，并参加了古代文学、外国文学等科目的自学考试。

回顾这些年的自学道路，我最深的体会就是把大脑分成动力部分和工作部分。动力部分由信念、理想、意志、性格组成，工作部分由记忆力、注意力、观察力、理解力构成。要想使大脑机器在曲折坎坷的道路上不停前进，就必须不断检修、调整动力部分，使之不停运转，这样工作部分才能继续发挥作用。

陶继新：您在自学的道路上付出的努力令人赞叹，自学的动力部分除了您所说的信念、理想、意志、性格之外，在自学过程中所收获的渊博的知识、开阔的心胸、坚强的意志等也会反作用于我们的自学中，使我们产生新的更持久的动力。

因此，不管是学生，还是成年人，要想获得真正的成功与成长，自学能力起着很大的作用。一旦拥有了自学能力以后，就会主动地学习各方面的知识，并在自学过程中不断提升自己，让自己拥有一个美好的前程。

二、钱梦龙的"三主四式"教学模式

钱梦龙作为一名特级语文教师,在中学语文界有着极高的知名度。他所创立的"三主四式"教学模式,在20世纪80年代就已经风靡全国。

钱梦龙

1. 教学方法的变革——"三主"

(1) 学生为主体

钱梦龙说:"以学生为主体,不是以学生为主,也不是将教学权完全放给学生。我所说的学生为主体,是让学生成为认识的主体。教师在教学中要施以引导、启发等。同时,教学过程是一个认识的过程,也是一个发展的过程。以学生为主体,是说学生是认识过程的主体,也是发展过程的主体。在教学过程中,教师的作用就像导游一样。比如,我这次教《人民英雄永垂不朽》时,让学生自己学习课文,我并不是什么都不管,而是用提出问题的方式引导孩子们厘清全文的脉络和中心思想。在教学过程中,有无教师的引导,其结果大不一样。如果没有教师的引导,只是放任学生自己学习,其起到的效果是不理想的。"

(2) 教师为主导

也许有人会问,既要以学生为主体,又要以教师为主导,会不会形成难以协调的矛盾呢?

不会的，钱梦龙肯定地回答道。他解释说主导与主体，各有其不同的内涵：其一，以学生为主体，是教学的出发点，教师只能采取因势利导的方法；其二，教师的主导作用也强化了学生的主体地位；其三，二者带有鲜明的训练色彩。在教学的过程中，教师的讲解不可缺少，关键是为什么讲以及如何讲。

钱梦龙在教《苏州园林》这篇课文时，便将教学现场挪到了学校附近的一个古园林里。虽然这节语文课没有讲台，没有课桌，但师生都像平时上课一样认真。

钱梦龙说："同学们，《苏州园林》中所写的园林的特点与特色，在我们这个古园林里都可以找到印证。"他让学生拿着课本，一边读文章中细致描写园林的语句，一边在古园林中身临其境地观察，自己则在一旁循序渐进地引导，使学生逐步加深对课文的理解和认识。

回到学校以后，钱老师让每个学生写一篇题为"谈古豫园的构景艺术"的作文，结果学生们写得既快又好。

这充分体现了以教师为主导在学生学习过程中起到的积极作用。所谓以教师为主导，要而言之，即因势利导。在教学中，钱梦龙总是顺着学生的思维方式、接受能力、学习效果，进行有的放矢的引导。

（3）训练为主线

训练为主线，即在整个教学过程必须贯穿着训练。在教学的过程中，必须始终保持高强度的训练，包括观察训练、阅读训练、语言训练，也包括思维训练以及写作训练。

当然，"学生为主体、教师为主导、训练为主线"的三主模式，并非彼此割裂的三个方面，而是互相关联并有机和谐的一个整体。教学的过程应充分做到三者的有机统一。

2. 教学方法的变革——"四式"

钱梦龙在变革教学观念的同时，也在变革教学方法，在探索一种体现他的教学个性、适宜学生个性的教学模式。在长期的教学实践中，他终于总结出了教学的几种基本模式——"四式"，即自读式、教读式、练习式和复读式。当然，这几种模式并非一成不变，在教学过程中还要根据具体情况灵活掌握。

（1）自读式

自读式是培养学生自读能力的一种训练方式，它是对学生的阅读能力进行有计划、有目的的培养。这是钱梦龙教学体系中最核心的部分。

在语文课堂中传授知识必须注意两个方面的问题：一是普通知识，二是阅读方法的知识。而后者是最主要也是最容易被人忽略的。要想达到很高的教学境界，就必须培养学生的自读能力。为此，钱梦龙在语文课堂教学中设计出学生自读的具体步骤，为培养学生的自读能力提供了切实可行的操作方法。

自读式分为六个步骤：

第一，认读。

钱梦龙要求学生先从文字的表面去读，同时要求学生边读边做读书笔记，并在上面进行批注。在阅读习惯的养成上，他要求学生做到八个字——"圈圈点点，朱墨纷呈"；在解决生字生词方面，他要求学生自查字典、词典或看书上的注释自己解决。

第二，辨体。

这个阶段，钱梦龙不仅要求学生把握文章的体裁，而且让学生从具体的课文内容中了解这种体裁的写作方式。

第三，解题。

题目就好像是文章的窗户，因此，为了把握课文内容，让学生理解题目的含义十分有必要。钱梦龙在教《第比利斯的地下印刷所》时,学生是这样解题的:"印刷所"是中心词,"第比利斯"限制了地点,"地下"则是题眼。让学生自己解题比教师直接讲解起到的效果要好得多。因为这是学生在把握了课文的整体内容之后通过思考提炼出来的。有的课文题目比较难理解,就需要学生去寻找相关资料解答。遇到实在解答不出来的题目,钱梦龙会给学生以适当的引导。

第四,问答。

钱梦龙要求学生自问自答,让他们发现问题,提出问题,解决问题,由此加深对课文深层含义的理解。

在这个阶段,学生需要从以下三个方面进行自问自答:

①写的什么,这是对课文内容的挖掘与理解。对于记叙文,要从时间、地点、原因、事件、意义五个方面问答;对于议论文,要从论点、论据、论证三个方面问答;对于说明文,要从说明的对象、特征等方面问答;对于散文,要从文章线索及各部分写的内容等方面问答。

②怎样写,这是对写作方法的研究。对于记叙文,要了解是如何叙事的,了解叙事的人称、叙事的顺序、叙事的重点;还要知道是如何写人的,是正面描写还是侧面描写等。对于议论文,要了解如何提出论点的,用了什么样的论据与论证方式。对于说明文,要知道如何说明的,用了什么说明方法,采用了怎样的说明顺序和说明语言。对于散文,要知道如何描述的,不仅要把握、厘清全文线索,还要体会文中意境等。

③为什么写,这是为了进一步理解作者构思的核心意图和目标。读到这一步,学生便基本上理解了课文的内容。

第五,质疑。

这一步以前四个步骤为基础。要求学生了解了课文内容之后,不受教师讲解的影响而提出质疑。钱梦龙非常注重学生求异思维能力的培养,鼓励学生勇敢地提出质疑。他在教《猫》这一课时，有位学生便质疑说："作者郑振铎在课文的后半部分说'我开始觉得我是错了'，似乎想弥补自己的过错，但作者却什么都没有做。"这位学生勇敢地提出了自己心中的疑惑，无论提的是否合理，都能在解答疑惑、寻找答案的过程中加深对课文的理解。

在质疑过程中，学生的思维变得异常活跃，他们的能力也从中得到了提高。

第六，评析。

评析在自读与问答阶段便开始了，对文章逐段分析，了解文章是怎样写的，为什么这样写等。这实质上便是在进行简单的评析了。不过，到了高年级后就不采用这样的方法了，而是让学生写评析的文章。

自读贯穿于整个初中语文阅读教学之中。从初一开始，钱梦龙便要求学生写自读笔记。到初二、初三时，学生已经写得相当不错了。

每讲一篇新的课文，钱梦龙一般给学生留一节至两节课的时间自读。自读笔记并非要求学生每节课都写，一般是每单元的课文学完后写一篇。更多的时间是让学生在课本上勾勾画画，将不懂的地方标注出来。这样，语文课本就变成了一本训练手册。教师要对学生在书上标注的地方及做的练习进行检查，每次重点抽查一个小组。

于是，自读便成了一个有目的、有步骤的训练体系，学生的能力便在这种训练中逐渐地提高了。钱梦龙老师说得好："能力，只能是训练的结果，而绝不是训练的前提。"

（2）教读式

教读式即教给学生读，与自读式同步进行。钱梦龙认为，教读是一门艺术，对教师有较高的要求。

首先，教师写的教案要简明扼要。钱梦龙写教案时，不是写一个详细的教案，而是写一个训练的方案。他先确定几个训练项目后，再设计几个大的问题。他认为，语文教学重要的不是写教案，而是对课文进行科学的设计。当然，不写详细的教案并不代表不好好地备课。他一般在确定了教学要点后，用简明的文字将这些要点写下来，以便在教学过程中既可突出重点又可随机应变。因此，他的教案虽然文字少，但都是经过深思熟虑之后产生的。备课时，他常常走来走去，反复思考教学中的问题。熟知他的人都说，钱老师的教案不是用手写出来的，而是用脚写出来的。

其次，要善于分配自己的注意力。钱梦龙之所以反对写详细的教案，原因便在这里。他认为，教师的注意力应当集中到学生身上，根据学生的个性灵活机动地进行教学。如果教师将所有知识点甚至每一个教学环节都写在教案上，那么将会在教案上耗费大量的时间和注意力，在学生身上付出的时间和注意力则会相应地减少。

再次，教师要有一定的教学智慧，要有随机应变的能力。此外，在教学过程中还应特别注意发扬教学民主，保护学生的积极性。

如此教学，不仅活跃了学生的思维，使他们真正学到了知识，而且还保护了他们的学习积极性，激发了他们的学习热情。

在教读中，要想起到良好的效果，钱梦龙还提出了四条具体的措施：

第一，把握重点，整体设计。

第二，巧于设疑，引导求知。

钱梦龙的提问向来都是精简凝练，他总能抓住涉及课文中心的问题进行提问，尤其善于用曲问的方式进行提问，给学生以充分思考的空间。这样提问，问在此而意在彼，能促进学生积极思考，提高他们的思维能力。

第三，组织讨论，多向交流。

钱梦龙教学绝不只是单纯地进行师问生答，而是师问生答、生问生答、生问师答等不同的问答方式交替进行，学生之间、师生之间可以互相提问、争辩，从而形成了一个脉络式的多向思维交流的局面。在他的课堂中，学生个个踊跃发言，思维异常活跃。

第四，教给方法，授以规矩。

钱梦龙不仅教给学生辨识各种文体的方法、读书的规矩，还教给学生写批语的方法，甚至用什么颜色的笔都有一定的要求。久而久之，他的学生都学到了不少行之有效的学习方法。

（3）练习式

练习式即让学生通过作业进行综合训练。学生的作业主要在课内完成，作业量较多时，再适当延伸到课外。通常来说，钱老师给学生布置的作业大约半个小时可以完成。

钱梦龙布置作业主要有以下几种目的：

第一，补缺改错。

钱梦龙发现学生在自读的过程中有遗漏或错误时，便布置作业让他们自己查漏补缺。

第二，迁移应用。

迁移应用旨在让学生举一反三、触类旁通，目的是让学生通过一篇课文学会阅读这一类文章的方法。比如他教完《食物从何处来》这篇课文后，又让学生自读两篇类型相似的说明文，并写一篇运用举例法的说明文。这样，学生不仅掌握了同一类文章的阅读方法，而且还掌握了这一类作文的写作方法。

第三，强化记忆。

为了增强学生的记忆力，钱老师也让学生背诵、默写诗文，有时还要抄写、背诵某些词语的释义。同时，他每天让学生做列夫·托尔斯泰的"记忆体操"，来提升他们的记忆力。

这样做不是为了完成作业，而是在于强化学生自读与教读的效果，促使学生将学习知识与增强能力有机地结合起来。

（4）复读式

复读式的目的是温故而知新，温故是手段，知新是目的。这种复读方法摒弃机械简单的传统复习单篇课文的方法，将新旧知识联系起来，学生从思考中、比较中加深对课文内容的把握和理解。

由此可见，钱梦龙的"三主四式"教学模式，并没有照搬原有的教学思路与教学方法，而是构建了一个以学生为主体的教学新框架，规划了一条适合自己教学习惯、又对广大中学语文教师具有启示作用的新思路。这种新的教学思想与教学方法，激发了学生的学习兴趣，特别是培养了他们主动探索未知知识、独立解决问题的能力，在和谐融洽的教学氛围里，培养了学生敢于提出质疑、奋勇争先的品质。这在教学上无疑是具有前瞻性的。可以说，钱老师在培养适应未来社会发展的人才方面已经捷足先登，取得了可喜的成绩。

三、李金池的"高效 6+1 课堂"教学模式

石家庄精英中学校长李金池创建的"高效 6+1 课堂"教学模式，是在对各地课堂模式反复比较与研究后，在去粗取精、去伪存真、扬长避短的基础上创立的。同时，李金池大胆的创新又给"高效 6+1 课堂"教学模式注入了无限的生机与活力。

"高效 6+1 课堂"教学模式主要做到了以下几个方面的创新：一是课堂教学模式创新，即课改元素重组；二是教学流程设计创新，即创新流程设计；三是课堂导学设计创新，即创立导学提纲；四是课堂教学规范创新，即创新课堂形态；五是课后应用练习创新，即创立用练常规。

这一烙印着李金池个人特色并蕴含创新因子的"高效6+1课堂"教学模式，对于精英中学来说尤为重要。这种教学模式的构建能把教学风格不同、年龄水平不同、志趣传承不同的教师群体在教学上统一起来。否则，无法组织松散的教师个体进行统一的教学。而构建一种优质的课堂教学模式，则可以把复杂的问题简单化，让晦涩难懂的理念实操化，从而使一线教师快速地进入新课堂的轨道，一举改变旧的课堂面貌，彻底解决教师满堂讲的问题。

李金池

"高效6+1课堂"教学模式由两部分组成：第一部分是"高效"这一模式中的"6"，这一部分主要在课堂中进行，包括"导、思、议、展、评、检"6个环节；第二部分的"1"，谓之"用"，这一部分主要在课后的自习中进行。这样，每项教学内容的教学流程都需要7个环节，即"导、思、议、展、评、检、用"。

1. 导——课堂起点

"导"包括"导入"和"导学"两个部分。上课后，教师用简洁明快的语言，借助一定的媒介，如图片、视频等，实现旧知识向新知识的"导入"，旨在激发学生学习新知识的兴趣。"导入"之后便是"导学"，教师简明扼要地向学生说明新课程的学习目标、学习内容和需要解决的问题以及一些注意事项。这些"导学"内容，都是根据课程标准、教材内容以及学生的认知水平，在级部备课组长的组织下，经所有任教该学科的教师共同商量、讨论斟酌后完成的。

"导学"可以起到"一箭三雕"的作用：一是让学生有目标与方向，二是让学生关注核心内容与重要问题，三是让学生关注容易忽略的事项或问题。

"导"这一环节是课堂教学的起点，也是关键点。如果此"点"出错，则有可能出现全盘皆输的后果。

2. 思——自读深思

这是一个学生自主学习的环节，但不是对学生的学习放任自流，而是在教师发放的《课堂导学提纲》的引领下，学生认真研读教材，独立思考，深入钻研，自己解决老师提出的问题。

《课堂导学提纲》中的"导学"部分讲述得非常具体，每一个导学环节都是根据学习目标而设计，并且都有明确的标识，甚至标明对应的是课本第几页第几个问题。学生还可以运用《课堂导学提纲》上面提供的测试题对所学效果进行自我测评。学生依纲而学，保证了自学的效率与质量。

在整个"思"的环节，教师不讲一句话，正如《学记》上所说的"时观而弗语"，目的是"存其心也"，以免干扰学生思考。不过，教师虽然"弗语"，却在默默地用心观察、关注每一个学生的学习状态，敏锐地抓住不同学生自主学习的特点，并深入了解、准确把握学生的学习情况，以便在后面"评"的环节中做到"言必有中"，从而让学生之"思"更具张力。

"思"好是"议"好的基础和前提，没有学生深入的思考和质疑，就不会有随后"议"环节中的合作学习，更不会有真正意义上的智慧碰撞。

李金池对笔者说，《课堂导学提纲》是"高效 6+1 课堂"教学模式不可或缺的配套资料，它是学校在推进"高效 6+1 课堂"教学改革中的一项教学微创新。长期持续不断的"导",才能让学生不至于输在课堂学习的"起跑线"上,并由此形成一种良好的思维定势,以抵达无师自导的境界。

3. 议——合作学习

这个环节包括两个方面:一是两两合作,互帮互学;二是小组讨论问题,解决自学中的疑难问题。小组讨论分先后两个部分,第一个部分,讨论教师提前预设的问题,要求学生快速浏览屏幕上教师列出的讨论关键点,然后开始讨论;第二个部分,讨论学生在自学过程中产生的疑惑和小组讨论过程中碰撞出来的问题。小组讨论要有一个规则:先是两人一小组进行讨论,解决大部分疑难问题,解决不了的问题再扩展到四人或六人一小组进行讨论,如遇到较难的、小组解决不了的问题则记录下来。

这一环节要求学生要有时间观念,不能在争辩中让时间随意流逝,不能形成共识的问题,先放下,等待展示环节全班交流时再进行解决。

讨论能调动学生的学习热情和积极性,不同的思维向度被打开,学生对于疑惑不解的问题往往在讨论中有一种豁然开朗的感觉。有的时候,学生之间针对同一问题还会产生不同的看法,进而展开辩论,真正做到了"有弗辨,辨之弗明,弗措也"。

4. 展——激情展示

在展示环节,由学生代表个人或小组,以口头表述或到黑板上板演的形式展示其学习成果和解决不了的问题。成果展示不但可以增强学生的自信心与自豪感,还可以起到资源共享的作用,进而让其他同学也产生共享成果的心理驱动。问题展示,则可以最大限度地暴露学生在自学和讨论中存在的疑点、误点和盲区,然后让全班学生"八仙过海,各显神通",将解决不了的问题群起而"围歼"之,从而获取更多解决问题的方法和思路。

在这一环节中，教师在学生面前不要急于告诉学生答案，而是要鼓励学生大胆发言，勇敢地提出质疑。学生展示完成后，教师要及时给予鼓励和肯定，并在适当时候给以启发。

走进精英中学的课堂，会让你精神为之一振，学生们个个激情满怀、斗志昂扬。学习对于他们来说，不但不是负担，反而变成了指点江山的"战场"。在这种状态下学习，学生们不但提高了学习效率，而且还生成了"欲与天公试比高"的雄心壮志。

5. 评——点评精讲

李金池说，"思""议""展""评"四个环节在逻辑上构建的是一种递进关系。就像打仗一样，是一个一步步地缩小包围圈的过程。到"评"这一环节，就是打扫战场了。教师要告诉学生这节课我们消灭了多少"敌人"，抓获了多少"俘虏"，是用什么方法消灭的以及用什么方法抓获的，还有哪些方法可以抓获更多的"俘虏"。因此，教师教学的重点不是做到面面俱到，也不是对具体知识点的重复，而是画龙点睛般地讲解知识框架和规律方法，并且尽可能地做到"其言也，约而达，微而臧，罕譬而喻"。

6. 检——检测反馈

这个环节主要是在教师的引导下，学生对当堂课所学内容进行整体回顾、内部消化和自我检测，最后再由教师对学生当堂所学内容进行抽查提问，或通过练习的形式进行检测。这样，一方面可以检测每位学生是否都达到了当堂教学目标，做到"堂堂清"；另一方面，引导学生通过练习把知识转化为解决实际问题的能力，巩固和强化本节课重点难点。这既需要教师课前准备时具有前瞻的眼光，更需要教师在课堂上能及时发现学生在学习过程中遇到的问题，从而让更多学生通过这个环节的检查最终能够达到"温故而知新"

的目的。

"导、思、议、展、评、检"六个环节依次进行，是按照学生认知发展规律设计的，它体现的是一个由浅入深、循序渐进的知识学习过程，符合教与学的规律，使得学生在课堂上学得快并且记得牢。

另外，"高效 6+1 课堂"教学模式，各个教学环节的连环设计做到条理清晰，能够有效地避免长时间单一刺激给学生大脑造成的疲劳感觉，从而确保学生在课堂上的持续兴奋、不走神，因此能提高课堂学习的效率。

7. 用——迁移运用

这个环节是学生完成学习任务的最后环节，一般利用每天下午和晚上的自习课进行，主要形式是让学生对当天所学内容进行应用性练习，从而达到巩固迁移的目的。教师根据当天课堂教授内容给学生出题目，要求学生自己解答、得出结论。同时，这个环节也叫"练"，而且要求学生限时练。它不是传统意义上的课外作业，因为传统作业至少有三个弊端：一是加重了学生的课外学业负担；二是个别学生的作业并不是自己完成，而是抄袭而来；三是有些学生在写作业时边玩边做，效率不高。这种限时训练不但有效地解决了以上三个弊端，而且还在无形中把限时练变成了限时考。因为全班同学都在教室集体做作业，按时收交，所以学生只有集中精力，才能按时完成作业。久而久之，这种"快节奏"做作业的方式便形成了习惯，再到考试的时候，学生便如平时限时练那样，不但不紧张了，而且提高了做题速度和考试成绩。

"练"即"用"，这个环节既是迁移运用，又是复习巩固。学习是为了应用，在应用中巩固所学，但如果不及时复习就会很快忘却。李金池说，"练"虽然只是七个环节之一，但它被放在了教学跷跷板的一端，居于重要的地位，在成绩的提高上具有"四两拨千斤"的作用。

笔者先后两次前往石家庄精英中学采访，在与李金池的交流中，我愈发觉得他的智慧与境界之高。他所构建的"高效6+1课堂"教学模式，是他几十年教育教学经验的成果，它不但是精英中学"起死回生"的妙术，而且也适用于其他学校。这当是他创造的一项核心教育教学技术，为提高教学质量起到了巨大的推动作用。他无偿将这种教学技术推荐给全国各地慕名前来考察的学习者。他认为，精英中学崛起了，全国和精英中学之前一样"薄弱"的学校也应当进行改革，走向成功。这让我感慨万千，一所学校之所以能创造奇迹，除了智慧、技术之外，还要有人格与境界的支撑。从这个意义上说，真的是"有道无术，术尚可求也；有术无道，止于术"。这给络绎不绝前来学习者一个启示：欲取其真经，除了学习其方法举措之外，还要学习李金池那样的胸怀、格局与境界。

四、张代英的2.0版"336"课堂教学模式

　　崔其升校长缔造了杜郎口中学的辉煌，而深受崔其升校长改革理念影响的张代英在就任校长之后，无疑会继承崔校长改革的精神。但在继续走改革之路的同时，她认为也要有创新意识。当年崔其升校长如果没有创新意识，就不可能锻造出现在的杜郎口中学。

　　张代英校长在性格上与崔其升校长迥然不同。而且，杜郎口中学改革二十多年之后，新的形势也给张代英校长提出了新的挑战。虽然固守原有的教学改革模式，杜郎口中学也照样可以继续发展，但在原有基础上进行一定的改革创新，是崔其升校长的希望。

1. 三次头脑风暴

张代英校长新的改革举措，首先是其在任职校长的两年间，组织教师们进行了三次头脑风暴：

（1）由精彩课堂向实效课堂转变

以前杜郎口中学精彩的课堂展示远近闻名，同学们在展示的时候不但声情并茂，还有与之相对应的肢体动作等。这样精彩的课堂，让全国很多前来参观考察的同行们赞叹不已。

经过第一次头脑风暴之后，对于何为精彩的课堂展示，教师们又有了新的认识。让学生积极踊跃地走向台前，展示的时候声情并茂、抑扬顿挫，有肢体动作，有眼神互动，有多种表达形式，当然是精彩，不过有的时候，未必能起到实效作用。所以，教师们开始研究如何让学生在保持原来课堂展示时积极状态的同时，又能取得更加理想的效果。

经过研究之后，教师们达成了共识。于是，课堂展示有了新的气象——一些非常热闹但实效不大的环节减少了，展示起来生动有趣而具有实效性的场景多了起来。也许正是这个原因，杜郎口中学的考试成绩一路飙升。这让教师们认识到，教学改革不但可以让课堂"火"起来，而且也可以让成绩"高"起来。

张代英

（2）强化学生独立思考的能力

张代英校长认为，以前学生在课堂上的展示内容，更多是将陈述性知识通过演说的形式向同学们或前来参观者展示出来。学生所展示的内容，多数不属于自己通过独立学习、内化于心后掌握的内容。所以，他们展示的内容深度不够，对提高学习质量起到的作用不大。

张代英又组织教师们进行第二次头脑风暴，目的是让学生真正静下心来独立思考，不是简单地从相关参考资料上寻找固定的答案，而是通过深入的思考形成自己的意见。

这次头脑风暴之后，教师们对"精彩"有了新的诠释与理解，让学生通过独立思考来决定需要展示的内容。这对学生高质量的学习，乃至终生的发展，都起到了不可小觑的作用。

（3）让互联网助力课堂，增加学习资源

农村学生学习资源相对匮乏，杜郎口中学却自创了一种投资少、功能强的"互联网+自主课堂"模式，即互动式电子班牌助力课堂。聊城市茌平区委、区政府投资160万元，为每间教室配置了一体机和14块互动式电子班牌（教室内10块，教室外4块），实现了全网络资源共享。

精彩的互动式多屏课堂活动、清晰的思维导图、丰富的学科工具、有趣的课堂测验以及有针对性的课堂评价，丰富了课堂内容，激发了学生探索求知的欲望，开阔了学生的视野，提高了课堂效率。14块互动式电子班牌的分屏运用、多屏互动运用，有效地辅助了课堂的分层教学。教师们借助数据可以掌握班级的整体学习情况以及学生的个性化需求，便于及时调整教学策略。

在"互联网+自主课堂"模式探索取得显著成效的基础上，学校举办了以电子班牌、互动白板、平板电脑为载体，以"信息技术在课堂中的有效运用"为主题的校级赛课活动，并进行相关数据的整理与分析，助力教师利用教育资源，进行更加开放、平等和可持续的课堂教学改革。

互动式电子班牌助力课堂，实现了学习资源的多元化与学习内容的层级化，为实现信息技术与课堂教学的完美融合及学生的深度学习提供了环境支撑。杜郎口中学的课堂教学实现了真正意义上的高效发展。

2. 构建2.0版"336"课堂教学模式

张代英校长没有舍弃原来的"336"课堂教学模式，但"世易时移，变法宜矣"，力求创新、完善的她将其升级，构建了2.0版"336"课堂教学模式。

（1）第一个"3"

2.0版"336"课堂教学模式中第一个"3"的特点不再是立体式、大容量和快节奏，而是转变成了以下几个特点：

第一个是学科性。最初杜郎口中学的"336"课堂教学模式更多强调的是统一性，这在当时显然是十分必要的。可杜郎口中学在改革20多年后，以前的教学模式也要随着教学的变化而转变。因为语文、数学、英语、物理、化学等学科，每个学科特点各不相同，如果忽视其本身的特点，用统一的模式进行教学，就不能突出学科特点，出现学科学习看似热闹，但有时会效率低下甚至偏离学科轨道的情况。

第二个是风格性。不同的教师，因其性格、特长、学识等各不相同，在课堂教学中的表现也是千差万别。在对教师进行统一要求的时候，就要根据其自身不同的情况，让他们形成各自的风格。这样，既有利于教师的发展，还可以让学生从不同风格教师的课堂中，多视角、多层次地获取知识、力量乃至智慧。况且，有的教师在长期的教学改革中已经形成了自己的风格，有的还成长为知名教师，在全国产生了一定的影响。

第三个是实效性。课堂教学不是为了追求热闹氛围，如果只是注重氛围而没有达到实际的教学目的，就失去了真正的意义。从某种程度上说，所有的形式都是为内容服务的。也就是说，不管用什么样的教学形式，都要考虑是不是有一定的实效性，这样才能实现真正高效率、高质量的课堂教学。

（2）第二个"3"

最初的"336"课堂教学模式中的第二个"3"是指三个模块，即预习模块、展示模块和反馈模块，而2.0版"336"课堂教学模式的第二个"3"则是培养学生的三种能力，主要包括以下几个方面：

第一个是表达能力。以前，杜郎口中学的课堂教学中注重培养学生的表达能力，这一特色在今天被很好地保留下来。这里所说的表达，既包含书面表达，又包含口头表达。在最初的"336"课堂教学模式的展示板块中，就特别注重口头表达，这是杜郎口中学的重要特色，也是学生成长过程中必备的品质。对于农村孩子来说，这种能力尤其可贵。所以，张代英校长决定将这一特色好好地继承和发展。

第二个是合作能力。《周易·系辞上》有言："二人同心，其利断金；同心之言，其臭如兰。"这一古训在今天依然有着重要的警示作用。而合作能力的形成，恰恰需要从学生时代就开始培养。实践证明，拥有良好合作能力的学生，不但能在学习中取得较好的成绩，也能适应不同的环境，并在未来成长道路上获得较好的发展。

第三个是思维能力。思维能力是此前杜郎口中学课堂教学中最欠缺的内容。缺失思维能力的课堂，不管其课堂氛围如何"精彩"，都很难培养学生的独立思考能力，让学生获得更全面的发展。培养学生的思维能力在课堂教学中尤为重要。

（3）"336"中的"6"

2.0版"336"课堂教学模式中的"6"是指课堂教学中的六个环节，也称"六学"，主要包括以下几个方面：

第一个是独学，即学生要独立思考。独立思考是学生学习过程中一个重要品质，拥有独立思考的能力，就能在面对学习困难时迎难而上，遇到不懂的知识时勇于钻研，有助于提高学生解决问题的能力，这是学以致胜的关键。

第二个是对学，即"对子"之间之学。"对子"在这里指同桌，同桌之间彼此交流学习的经验和方法，会有不一样的收获与感悟。同桌之间由于距离上的优越性，相互交流起来会更加方便。学生遇到学习的困惑时，向自己的同桌请教，双方可以一同商量解决。如此而学，不但让求助于人的同学懂得了"知之为知之，不知为不知"的道理，还增进了同学之间的情感，有益于共同进步。

第三个是合学，即学习小组成员之间的合作学习。学习小组是学习组织，不但要有组长，而且要形成小组学习文化，包括在小组内发言声音不宜太大，每个学生发言要有一定的时长，发言后进行即时评价等。小组学习文化形成之后，不仅可以提升学习的质量与效率，还在无形中培养了学生的合作精神。

第四个是展学，即课堂展示，这是杜郎口中学独特的课堂文化。在课堂展示过程中，发言者声音要响亮，要面向全体同学，包括站立的姿势以及相应的体态语言等都有明确的规定。久而久之，一种独特的课堂文化便形成了。

第五个是导学，即教师对学生的课堂展示进行引导与点拨。教师根据教材内容与学习进度，可以将这一环节放在上课伊始，也可以放在课中或课后。《学记》有言"道而弗牵"，即教师要引导学生，而不是像牵着牛鼻子一样让学生机械地跟着走，要做到让学生在教师引导下自己积极地走，乃至抵达"开而弗达"的境界。

第六个是测学，即通过检测对学生的学习情况进行反馈的一个环节，让教师掌握不同学生当堂学习的情况，并在此基础上，让所有学生力所能及地做到"堂堂清"。

张代英校长说，独学、对学、合学、展学、导学和测学六个环节，涵盖了此前杜郎口中学"336"课堂教学模式中的预习模块、展示模块和反馈模块，同时又在此基础上进行了创新和发展。

五、赵丰平的分组合作探究和数字化学习

作为 271 教育创始人，山东 271 教育集团总校长赵丰平，在很多年前就开始了课堂教学改革。现在，271 教育的课堂教学已经完全从传统课堂模式中走了出来，形成了特有的课堂教学模式。它以"自主、合作、探究"为主要学习方式，形成了一个全面放手、全员参与、富有个性的创新性课堂，是学生生命成长的主阵地，也是学生自由发展和提升教师专业素养的主渠道。要而言之，271 课堂主要有两个突出的特点：

赵丰平

1. 分组合作探究

在课堂教学改革之前，赵丰平就发现学生端坐在教室里听课的时候，虽然表面上看起来聚精会神，但实际学进去的知识少之又少。40%~60% 的学生是"一个耳朵进一个耳朵出"，即使那些听课认真的学生，也很难将整节课学的知识全部消化。

国家进行第八次课程改革的时候，赵丰平就系统研读了新的课程改革理念，发现分组合作探究是一种很好的课堂教学模式。同时，他又到日本、芬兰和美国进行教育考察，深入到他们的课堂之中，发现那里的课堂都是分组

合作学习，学生在课堂上不但学习效率非常高，而且自始至终都保持一种昂扬向上的精神状态。

考察回来后，赵丰平下定决心进行课堂教学改革。他认为，传统的课堂教学模式不仅造成学生学习效率低下，而且还会影响学生的心理，让他们变得意志消沉，并且由此产生一系列的问题。

2007年第一学期开学后，赵丰平倡导的以分组、合作、探究为主的课堂教学改革拉开了序幕。在新的课堂教学模式下，教师不能独霸课堂，实行分组合作探究，学生每八人一个学习小组，教师放手让学生自主学习。学习小组里如果有一个学生把当堂知识掌握了，他就要教会全组其他同学。学生成了学习的主人，甚至成了教学的主人。这些优秀的"小老师"们讲起课来不但绘声绘色，而且学生听得也全神贯注，学习效率也随之提高了。

课堂教学改革进行了一年之后，赵丰平和他的改革团队发现，学生每八人一组进行合作探究虽然大见成效，但仍有美中不足之处，那就是一个学习小组中绝大多数学生虽然已经学会大部分知识了，可还有一两个学生被边缘化了，更多的时候，他们只是像旁听生一样呆坐着，对于所学习的知识，他们听得似懂非懂，甚至根本就听不懂，无法融入小组之中。

2009年，经过探讨后，赵丰平将八人一组的学习小组改为六人一组。很快，效果就显现出来了，小组内积极参与学习的学生比例提高了，学生们学习效率也不断提高，同学之间的关系也比以前更密切了。

六人一组合作探究实验实行两年后，赵丰平又发现，有的学习小组常常有一个学生难以跻身小组热烈的讨论研究氛围之中，依然有一种被边缘化的感觉。于是，2011年，赵丰平又将六人一组的学习小组改为四人一组，结果发现全组所有学生无一被边缘化，每一个学生的学习热情都变得高涨起来，整体的学习效率又有了进一步的提升。

实践是检验真理的唯一标准，从那时起，271教育集团下的所有学校实施的都是四人小组合作探究学习模式，而且都取得了非常理想的效果，四人一组的分组模式便固定了下来。

课堂教学效率的高低，与课堂管理的优劣有着直接关系。课堂教学改革之前，全班只有教师一个人关注课堂教学效率。而实行四人小组合作探究学习模式后，一个班级有12个小组，12个小组长都在时刻关注课堂教学效率。

开始的时候，小组长缺乏管理经验，学校便专门对他们进行培训，帮助他们管理好其他三个学生，让同组的学生共同进步。

由于采取的是异组同质、同组异质的分组方式，各个学习小组便同处于一个起跑线上。所以，分组之后，就在无形中形成了一种竞争的态势。为了能够在竞争中取得胜利，每个小组长乃至组员都会千方百计提高自己小组的学习效率。为此，每个学习小组中的四个学生都分别承担着两三个不同任务，比如有负责收交作业的，有负责达标验收的，有负责制定学习目标的，有负责上课展示的，有负责统计分数的，还有负责常规落实的等。真正做到了人人有事做，事事有人管；真正做到了小组的荣誉与人人有关，小组的进步人人有贡献。这样，小组内的每个学生都感到责任在身，都力争做到尽善尽美。

不过，四人小组也有其劣势，那就是一个班级的学习小组太多，给小组长的培训、学习小组的管理带来不便。为此，学校又在各个班级中组建了两个学习小组合一的行政管理小组，而四人小组则是课堂学习时的形态。这样一来，不但教师各尽其责，学生更不甘落后，于是，师生之间就组建起了一个和谐而高效的学习团队。

2. 数字化学习

近些年来，信息技术的发展突飞猛进，很多课堂教学方式也发生了翻天覆地的变化。赵丰平率领的271教育集团当然也不甘落后，率先走进了这个汹涌澎湃的改革浪潮之中。

开始的时候，赵丰平曾先后与几家大的数字化公司合作，可合作一段时间后发现，数字公司确实构建了一整套系列化的网络学习系统，但遗憾的是，这些学习系统所提供的多是应试训练考试题目检测评价系统。这些系统虽然非常便于教师批阅试题，也颇受他们欢迎，可是却没有更好地引领学生进行自主学习，学生学习效率也没有得到提高。

"道不同，不相为谋"，赵丰平只好与他们道声"再见"，另去寻觅新的合作伙伴。

2018年，赵丰平与新加坡的创而新（中国）科技有限公司董事长李慧琴交流之后，感到他们公司的理念与思路与271教育集团的不谋而合。于是，赵丰平与他们合作成立了一个公司，专门研发271教育集团自己的学习平台，并将这个学习平台命名为"271BAY"。赵丰平还对其概念做了如下的表述："'271BAY'是在271教育集团哲学思想和互联网思想引领下的一个线上线下深度融合、极度开放、高度自由的、多元的、自主的、高效的、学生喜欢的、生态的学习社区。这个社区既是一个多元的学习平台，又是一个生态的学习社区。有创造大家共享，有问题大家一起解决。"

"271BAY"有三个目标：

第一，"271BAY"为学生的大单元整体学习提供丰富的学科资源、生活资源、社会资源、学习资源。

第二，互联互通，平台资源共享。学生创造出来的东西，通过手机端、大屏、小屏、老师端、学生端随时投放到平台之上进行展示、提问、共享，供大家学习交流。

第三，对所有学生学习的过程进行无痕数据采集。271教育集团的近九万学生全都采用已基本固化下来的大单元整体学习模式，学习内容也相对固定，所以采集下来的数据为学生创造了各个年级、各个学科学习的优质思维常模。如果有哪个学生有所创新与发明，发展了这个常模，则随时更新并向前延伸，供所有学生使用。

在这个虚拟的网络平台上，即使在疫情期间，学生依然沉浸于学习与探究之中。他们虽然各自在家中学习，却因线上连接，依然保持原来的班级建制。为此，这种"线上班级学习制"，不但没有因为疫情而消解了学生的学习热情，而且学生学习的效率与成绩也一直不断提高。

六、李升勇的学期课堂+假期课堂

乐陵市实验小学校长李升勇说，他们早已摒弃了以传授知识为主的传统课堂教学模式。也许有人会问，是不是像有些学校的课堂教学改革那样，变教师之讲为学生之学了呢？李升勇对此也予以了否定，他认为，那样的课堂教学改革并非真正意义上的教学改革，从空间上来说，它依然在教室之内，其目的是训练应试技能的，所以不能称之为改革，只能称之为改良。

乐陵市实验小学构建的多维大课堂，在课堂教学改革中是一次前所未有的尝试。从空间维度上来说，它超越了教室，超越了学校，并且超越了现实生活，以生活空间和网络空间为主。教师既在教室里教，又在生活中教，还在网络上教；学生既在教室里学，又在生活中学，还在网络上学。如此一来，自主学

李升勇

习、分层次教学、个性化学习等所有的先进理念都可以在这样的课堂上落地生根。这种变革既改变了传统的课堂教学模式，又变革了传统的学习方式。即使在课堂之上，也是以展示学习为主。课堂变成了一个思想交流的集散地，学生学习的成果、讨论的成果，教师备课的成果，甚至家长参与的成果，都要在课堂上集中展示出来。

从时间维度上来说，课堂教学不再按课时计算，而是延伸到包括假期在内的整个学期，包括学期课堂和假期课堂。

1. 学期课堂

学期课堂即学生在学期内的课堂，是变革了教学方式与学习方式的多维大课堂，教与学的内容与课堂结构也随之改变。就其教学流程来说，一般有以下五个部分：

（1）目标导学

这里所说的目标，不是人们常说的知识目标，也不是一节课时或者一个单元的目标，而是培养学生成长为栋梁之材的大的教学目标和教育目标。

（2）支架助学

中国有句古话叫"授人以鱼，不如授人以渔"，这种观点常被用于教育教学之中。李升勇校长认为，不少教师却将"授人以渔"演变成了"示之以渔"，不是教给学生解决问题的方法，而是只针对某一个问题进行演示，其结果是学生对这一个问题也许明白了，可是再遇到类似的问题，依然不知道用何种方法解答。乐陵市实验小学的支架助学，就是为学生提供一个学习支架，真正地做到"授人以渔"，让学生不但学会这一类问题的解题方法，而且还可以举一反三，独立破解相关问题，提高自主学习的能力。

（3）学生自学

有了目标与支架，学生自主学习已无障碍。这个时候，教师不但要有学生能够学会、学好的信念，而且还要适时对学生进行鼓励，和学生共同探究，或让学生自主探究新的学习方法。当学生养成自我"捕鱼"的能力之后，学习的效率和质量也会迅速地提升。

（4）过程合学

在学生自主学习的过程中，学生在有所感悟的同时，也会遇到一些问题。但是在课堂之上教师不可能解决所有学生遇到的问题，所以在下一个流程课堂展学之前，过程合学就显得十分必要。学生可以两三个人或更多人一起，就自主学习中的收获谈各自的感悟，或同学之间相互请教问题。这既解决了学生在自主学习中遇到的一些问题，也让学有所长和学有感悟者有了展示的机会。

（5）展学课堂

这个流程一般要经历两个主要阶段：一是在小组内展示自主学习的成果和困惑。每个学生都可以在小组内展示自己学习的成果，这对小组中的其他同学无异也是一个学习的过程。让学优者"八仙过海，各显神通"，让学而有疑、学而不知的学生得到启发，这比单一的教师帮助学生解决问题要及时得多，覆盖面也广得多，效果也更好。实践证明，学生教学生，由于其年龄、说话方式相近，同样的问题，学生的讲解更易于让同伴们理解。而对于讲解者，不但是施教于人、帮助于人，也可以让自己的学习更加巩固，走向更高的层次。

二是小组选出代表到讲台上展示小组合作学习的成果和未解决的问题。这样的展示对全班同学都会产生积极的影响，提高他们学习的兴趣。同时，还会在班级内形成一种良性的竞争，因为每个学生都希望自己小组的展示更加精彩。为此，他们要做充分的准备，全组都会竭尽全力帮助小组内推选出的代表展示成功，这无形中又提升了同学之间的合作意识。同时，小组代表谈及小组内未解决的问题，也多有一定的代表性，这些问题多是学习中的难点、重点或疑点，而能够当场破解这些难题者，通常是学生自主学习中的佼佼者，能引领和促进其他学生的学习。其实，这也是一种以生为师的教，是一种对学生学习更加有效的方法。有些时候，也会有学生解决不了的问题。这个时候，教师并不一定即时予以解答，而是循循善诱，启发诱导，让学生从中悟出解答的思路和方法。这对教师是一种考验，对学生来说则是一种高质量的学习。

是不是这样的课堂上就没有学了呢？答案当然是否定的。学生展学的过程，对于其他同学来讲就是学的过程。因为展示者是经过充分学习而又有所收获或感悟之后才上台展示，其学习体会往往更能触动学生的心灵，这比教师在课堂上直接教授知识更有价值。

从表面上看，教师只是旁观者，其实他们更要集中精力，甚至要"眼观六路，耳听八方"，及时捕捉不同学生的反应，对学生未解决的问题进行指导。

李升勇说，这样的课堂，教师的角色变了，他们不再是知识的传授者，而是学生学习的组织者、陪伴者、激励者和服务者，而学生则成了学习的主导者和探索者。

2. 假期课堂

放假之前，学校教师与家长进行沟通，根据每个学生的学业检测与学情分析，为他们制定相应的假期课程。

在学期课堂上学业没能达标的学生，假期里主要的学习任务就是达标课程。在学期课堂上学业已经达标的学生，他们则另有两项任务：一个是目标课程，一个是拓展课程。他们要科学地规划自己的课程，通过自主学习，进一步提升自己的学习质量。

目标课程即开学之后要学的内容，学生通过网络或其他形式提前自主学习。教师要相信学生可以通过自主学习将教师未教的内容学习好，并在这个过程中养成自主学习的习惯。

拓展课程即教材内容之外的学习内容，包括背诵古诗词、阅读名著等。有条件的家长可以带着孩子外出旅游，观览名胜古迹等。家长还可以根据孩子的爱好特长，让他们去学钢琴、舞蹈等才艺。

学生根据日计划和周目标，在教师的引导下独立制订学习规划，科学地安排每一天的学习与活动，如几点起床洗漱，什么时候学习，学习哪些内容，每次学习多长时间，什么时候进行体育锻炼，锻炼多长时间等，而且要根据规划严格执行。

以前教师为学生制订的规划，学生只是被动地执行，执行时的效率和质量也不太高。而让学生自己制订规划，学生则由被动变为了主动，不用教师"教导"，也无须家长"看管"，自己高高兴兴地按规划执行。家长看到自己的孩子在假期把学习、活动与锻炼身体样样都安排得井井有条，也为孩子的成长和进步感到骄傲。

为上好假期课堂，放假之前各个班级组建了八人一组的线上交流小队，每周拿出几天进行一个小时的线上展示交流，同时鼓励家长参与其中。而且，要求交流展示的内容都是学生自己学习的成果和感悟出来的学习方法。这会对学习成绩一般或没有感悟的学生产生推动作用，让他们此后好好学习，以期在下一次交流展示的时候能够有好的表现。而有的家长看到其他学生学得好时，也会帮助自己的孩子更好地学习。这样，虽然教师不在现场监督，但是学生依然学得热火朝天。

第三讲

腹有诗书，
演绎精彩

在关注教学模式构建等课堂改革的同时，还有另外一种课堂形态，即有的教师对古今中外经典书籍持之以恒的诵读，已经到了"腹有诗书气自华"的境界，从而让课堂教学演绎出别样的精彩。这样的课堂，尽管也有师生之间的互动，可教师的精彩讲授往往将学生引入一种更高的层次。长期在这种高品质课堂的熏陶下，学生不但会爱上学习，也能大大提高学习的效率，提升自己的眼界和认知，进而对未来的发展也起到积极的作用。

我坚信"功夫不负有心人"，任何教师一如既往地在经典文化上下功夫，终究会成为真正意义上的名师，甚至会成为大师。而当博通经籍时，他们写起文章来则可以妙笔生花，创造出内涵丰富、蕴含哲理的作品。

这样的教师，不但会成就自身，也会成就他的学生。其持之以恒的精神与文化追求，会增加学生的文化底蕴，培养学生的审美情趣，增强其人文素养。

一、底蕴深厚、纵横捭阖的于漪老师

在基础教育界获得"人民教育家"称号的于漪老师，不仅有一颗"幼吾幼，以及人之幼"的博爱之心，而且饱读诗书，学养极其深厚。她的课堂不仅能让学生领略到这位教育名家精湛的教学艺术，还能让学生从中学习到丰厚的传统文化知识，从而爱上学习并享受学习。

1. 巧设提问，尽显大家风采

于漪说："教师的教学不能同学生的学习在同一个平面上移动。"教师要善于调动学生在课堂上的积极性，开发学生的潜能，形成一种立体的教学结构层次，从而使学生在亢奋的精神状态中获取更多的知识。

于 漪

我们以于漪《孔乙己》一课的教学为例，从她的提问艺术中，便可以看到这位特级教师的匠心与功力。

上课伊始，于漪满面春风地走上讲台，抑扬顿挫地开始了提问："有人说，古希腊的悲剧是命运的悲剧，莎士比亚的悲剧是人物性格的悲剧，易卜生的悲剧是社会问题的悲剧。《孔乙己》这篇小说写了孔乙己悲剧的一生，可是我们读了以后，眼泪不会夺眶而出，而是感到内心一阵痛楚。这是为什么呢？这是因为孔乙己的悲剧是在笑声中进行的。那么，孔乙己的悲剧到底是命运的悲剧、性格的悲剧，还是社会的悲剧呢？"

一些前来听课的教师感到这个问题提得新颖，但同时又觉得对学生来说过深过难。

但于漪的学生却都在积极思考，脑海间闪现出于漪在平时教学中延伸出来的丰富内容——《哈姆雷特》的崇高悲壮、《玩偶之家》的凄切悲惨，以及鲁迅先生《再论雷峰塔的倒掉》之中关于悲剧所下的定义……于是，不少同学纷纷举起了手。

有位同学给出了一个近乎圆满的回答："孔乙己的悲剧，既是人物命运、人物性格的悲剧，也是社会问题的悲剧。"

听课的教师不由得为这位学生的深刻见解感到惊讶，而于漪与她的学生却视作平常。

这确是一个有质感、有深度的问题。学生通过自己的知识储备和深思熟虑后，做出了正确的回答，这就使得他们在一次次精彩回答之后获得心灵上的满足感，甚至激发起他们探索知识的强烈欲望。

于漪在教《白杨礼赞》时，则又出现了另一种情形：

教学进行到一半，于漪正在赞扬白杨树时，一位女同学举手站了起来，问道："白杨树并没茅盾先生写得那么美，而且白杨树的质地不好，哪里有楠木好呢？"

这位女同学通过自己的思考对大作家茅盾的观点提出了异议，可见于漪平时对学生的培养起到了作用，每个学生都敢提出自己心中的质疑。

"你可以继续谈下去。"于漪笑容可掬，引导着这位女同学继续发表自己的观点。

这位女同学引经据典，侃侃而谈："俄国大作家屠格涅夫在《猎人笔记》中也写过白杨树，说它的叶子硬得像金属，枝条也不美，只在夕阳西下的时候才给人一点美感。"

其他的学生也陷入迷惘之中，一双双求知的眼睛望向于漪。

于漪笑着说："你能大胆发言，这是很好的。但要懂得文章写作的目的，主要是托物言志，而写景又往往是景随情易或情随景易，哪里会孤零零地去写景呢？茅盾先生写白杨树的目的，是要赞扬它的平凡而伟大，实际上是赞扬北方的农民和抗日前线的战士。"

这时，一位男同学又站起来说："不过，茅盾先生说白杨树严肃、挺拔，也不乏温和。严肃、温和用在一段文章里头不好，因为严肃往往不温和，温和的人也大都不严肃。"

同学们又愣住了，于漪也为之一愣。但她对《论语》的深入研究，竟在这个时候帮上了忙："有人这样形容孔子'子温而厉，威而不猛，恭而安'。有些东西，像品格、作风，好像在一个人身上是矛盾的，但有些时候又可以成为一个统一的整体。"

于漪的回答，既保护了学生向老师、名家质疑问难的积极性，又矫正了学生的某些片面性的看法，并为学生创设了一个各抒己见、驰骋想象、大胆提问的良好氛围。

学生的学习兴趣被激发起来，学习也有了积极性。于漪所教的由后进生组成的班级，学生在初中毕业升高中考试时，几乎都取得了优异的成绩。

2. 以美育人，触动感情琴键

据教育家蔡元培首次将美育的名字引入中国，迄今已有60余年了。其间在语文教学中对学生有意识地进行美育的固然不乏其人，但像于漪如此坚持并取得成功者，却是寥若晨星。

于漪教《香山红叶》《海滨仲夏夜》《春》与《济南的冬天》一组教材时，摒弃了传统的五段式教学法，也扬弃了写景散文的一般讲法，从而让学生以感受美的角度直接切入，引起了学生浓厚的学习兴趣及对祖国大美河山的自豪感。

教学伊始，于漪说："继米开朗基罗之后，法国大雕刻家罗丹曾这么说：'美是到处都有的。对于我们的眼睛，不是缺少美，而是缺少发现。'我们在和大自然的接触当中，可以说无时无刻不在感受着美。可是大自然的美，又不同于我们所看到的巧夺天工的工艺美，也不同于绕梁三日的音乐美，还不同于充满青春活力的力量美。然而大自然的美又好像把这些美都包含在当中了。而我们祖国的大好河山，更是美得难以描绘，在春夏秋冬不同的季节，它会展现出不同的景色。今天我们所学的这组散文，正是写的我们祖国不同地方春夏秋冬的壮美景色。"

于漪的这段富有审美趣味的开场白，不仅使学生对即将学习的课文产生浓厚的兴趣，又将学生引入追求文学艺术美的王国里。

在讲解这四篇课文时，她又从不同的审美角度，同学生一起欣赏课文中所描绘的不同季节、不同地方的秀丽景色，使学生加深对课文的理解，并在潜移默化中受到热爱祖国的思想教育。

每教一篇新的课文时，于漪总会根据文章的特点，并结合相关的知识，在上课开始时便牢牢抓住学生们的注意。仅从《春》一课的教学开头中，便可窥一斑。

于漪说："一提到'春'，人们眼前就会浮现阳光明媚、万象更新、生机勃勃的景象。古往今来，有很多描绘春天的文章或诗句，在诗人杜甫笔下春天又是什么样的呢？"

"两个黄鹂鸣翠柳，一行白鹭上青天。窗含西岭千秋雪，门泊东吴万里船。"学生们齐声背诵。

"王安石在《泊船瓜州》里又是怎样描绘的？"

学生们又琅琅地背诵起来："京口瓜州一水间，钟山只隔数重山。春风又绿江南岸，明月何时照我还？"

尔后，于漪又让学生背诵苏舜钦的《淮中晚泊犊头》，并体会诗中对春雨、春潮的描写。

学生们令人惊叹的古诗量，还得益于于漪平时对古诗词的重视。她要求学生们每周背诵古诗一首，所以在这节课中，学生们平时的古诗积累在这时候发挥了作用。学生们通过古人对"春"的描写，去感受"春"的美好，为学习朱自清的《春》奠定感情与审美的基调。

时值阳春三月，于漪又联系现实进行提问："你们每天背着书包上学的时候看到了哪些美丽的春日景色？鸟儿是怎么叫的？花儿是怎么开的？杨柳是怎么吐絮的？"

同学们纷纷踊跃地回答，课堂气氛一下变得十分活跃。她又说："现在我们看看朱自清先生在他的《春》中是怎么写春天的，他写得可细致生动了！"

这样一来，学生的学习兴趣更加高涨，他们不仅欣赏朱自清笔下的美丽奇景，还把古诗中描绘的春天景象与现实中观察到的春天相比较，增强了对美好事物的鉴赏水平。

于漪不仅让学生感受自然风光的秀美，而且也让学生体味到志士仁人英勇就义的壮美。

她在教《刑场上的婚礼》一课时，于漪在正式讲课前对学生说："'刑场'是死亡的场所，意味着生命的结束，是悲的气氛；'婚礼'是欢乐的事情，意味着幸福，是喜的气氛。然而，这一悲一喜合二为一的事情却发生了，这究竟是怎么一回事呢？"

于漪引人发思的话语，激发了学生解惑求知的欲望，并为学生感受文章中烈士的悲壮之情起到很好的引导作用。

正当学生急切地要知晓事情真相时，于漪紧扣第二节文字中的四个句子提出一系列问题："这件事发生在什么年代？什么地点？具有怎样的意义？为什么说是'壮举'？为什么说是'亘古未有的壮举'？又为什么说'这亘古未有的壮举，像一柄锋利的匕首，直刺不共戴天的死敌'？"

随着于漪的提问，学生的思维被调动起来，他们深入到文章中，去感受峥嵘岁月中革命先烈视死如归、坚定理想信念的勇气，理解着"生命诚可贵，爱情亦美好，若为自由故，二者皆可抛"的丰厚底蕴，并与裴多菲原诗进行比较。于是，学生通过自己的感悟与思索，得出了合乎实际的评价：两位烈士面对死亡时，没有感到恐惧，却洋溢着对生活的热爱，执着于对幸福的追求，充满着乐观主义精神。他们将坚贞不渝的爱情根植于对伟大的无产阶级革命事业无限的忠诚之中，他们宽广的胸怀和高尚的情操值得我们学习。

但于漪还不希望自己的学生滞留在这种审美评价的层次上，她要促使学生深入到事物的本质，从历史发展的必然规律中寻求答案。于是，她引导学生进一步思考：这种甘洒青春血、笑迎未来春的源泉何在？为什么他们高大的形象光照人间？

在提问的同时，她引导学生深入思索，从而使学生懂得源泉在于树立了伟大的共产主义理想；革命理想是伟大的火种，能燃亮人的心灵，使生命灿烂辉煌；一个人只有树立伟大的革命理想，才会无比忠贞，英勇顽强。

于漪教《最后一次讲演》时，以闻一多先生的诗句作切入，引发学生对这篇文章的理解与思考。

一上课，她就在黑板上写下了闻一多先生《红烛》序诗里的四句："请将你的脂膏，不息地流向人间，培出慰藉的花儿，结成快乐的果子。"

这四句诗是诗人对世人的希求，也是自身的生动写照。他首创诗歌的建筑美、音乐美、绘画美，并终生实践。从这四句诗中可以看出他的美学追求。

于漪让学生发表对这四句诗的理解，但学生发表的观点却一直在浅层次上徘徊。

于是，她做了进一步的引导："闻一多先生是这样写的，也是这样做的。他从新月派的新诗人，到钻研古典典籍的学者，到最后成长为一名民主战士，走了一条知识分子爱国、民主的道路。为了民主，他反对内战，反对分裂。面对敌人的手枪时，他拍案而起，横眉冷对，最后倒在了血泊之中。

于漪简单介绍了闻一多的生平经历，使学生明白了这几句诗的意蕴，并为学习课文奠定了基础。

黑格尔说："真和善只有在美中间才能水乳交融。"凡是听过于漪课的老师和学生，都感到有一种美的享受。于漪深厚的文化底蕴和启发性的课堂提问，不仅让学生对课文有更深的理解和感悟，还增加了文学积累，有效地提升了课堂教学的效率。

二、博观约取、厚积薄发的于永正老师

全国著名小学语文教师于永正虽然已经逝世多年，可他的音容笑貌以及讲课和交谈时的情景还宛然在目。这位被称为中国小学语文界"四大天王"之一的名师留给我们的精神资产，依然闪耀着光芒。他不仅在小学语文课堂上创造了一个又一个的辉煌，也为教师们如何真正上好语文课、踏上全国名师殿堂提供了一个可参考的模板。

1. 大道至简

多少年来，关于语文教学的争论就一直没有停止过，诸多流派的争鸣也是一浪高过一浪。结果是有一些语文

于永正

教师迷失了方向，在随波逐流中失去了自己的教学风格。于是，许多语文教师提出了心中的疑问：语文课，究竟该怎样上？

著名特级教师于永正老师认为，应该拨开那些虚幻与迷乱的云雾，还原语文教学简约通达的本色，让小学语文教学走向属于它自己的轨道上。

关于语文教学与语文学习的核心内容到底是什么，可谓众说纷纭，莫衷一是。为此，不少语文教师以及语文教学专家撰写了一篇又一篇的论文，出版了一本又一本的著作，条分缕析，旁征博引。但有的时候却会出现一个让人匪夷所思的悖论，越读这些论文与著作，越会让你如堕云雾之中，甚至连怎样上课都心中无数了。

于永正老师认为，语文教学没有那么复杂，核心只有"读写"两个字，如果再多说一下的话，就是"多读多写"。

那么，如何读，读什么呢？

老子说："人法地，地法天，天法道，道法自然。"于永正老师认为，"道法自然"当是读书的最高境界。

不少学生读课文时，往往是拖着长音，给人一种装腔作势的感觉。于永正老师认为，这在无形中破坏了文本的生态系统，将原本自然的语言异化成极不和谐的乱谱，甚至连文章意蕴也在这种"歪读"中失去了本真之美。

听于永正老师范读课文，宛若在与你面对面地交谈，于亲切自然中，让你情不自禁地走进文章之中，迫不及待地探索其中蕴含的深刻内涵。对于有些文质兼美的课文，尤其是那些千古绝唱的古代诗文，于永正老师不但要求学生熟读成诵，他本人更是背得滚瓜烂熟。

于永正老师认为，优秀的语文教师要在课堂上教会学生如何读课文、背课文，"行有余力"时可让学生再多读多背一些课外的经典诗文，但要在教师的引导下阅读。如果所读书的质量不高，就有可能让学生误入歧途，甚至步入"白沙在涅，与之俱黑"的尴尬境地；只有读文质兼美的作品，才能真正提高学生的语文水平。

诵读大量的优质作品后，写好作文也就顺理成章了。学生在阅读的过程中，附之以持之以恒的写作训练，才能让写作随着读书之多之优而"水涨船高"。

于永正老师认为，要想让学生多写作，教师就要多写作。叶圣陶先生所倡导的教师写"下水文"，于永正老师不但是积极的推行者，也是亲身的实践者。当教师与学生同步写作，且写得非常好的时候，不但可以在学生中树立起威信，还会让学生不自觉地"学而时习之"。

于永正老师经常开玩笑说："写，让我变成了一条猎狗，瞪大眼睛看世界，张开鼻孔嗅四周，竖起耳朵听动静，搜寻生活中的真、善、美。"当他将对教育与生活的观察与思考生成文字并发表出来的时候，也影响了更多的语文教育工作者。

写作，又促进了于永正老师读书，两者并进，就出现了"发愤忘食，乐以忘忧"的景象。读与写已经融入了于永正老师的血液里、生命中，并成为其不断进步、超越自己的精神动力。

重视读与写，并不是说其他的语文学习内容都无须过问了，比如写字、语言训练等，这些都很重要，于永正老师也很重视。不过，要想提升语文成绩，提高语文水平，关键在于读与写。

在语文教学中，不但要教会学生多读多写，还要让学生自觉地多读多写，进而形成学习习惯，对学生自身的发展以及未来的发展都会产生有益的影响。

2. 厚积薄发

人们在赞叹于永正老师大道至简的时候，有些语文教师也在模仿他的简单教学法，可结果多是东施效颦，效果不佳。

原因何在？在武侠小说中，武林高手出的招数虽然简单，却能直中要害，顷刻间打败对手。可不少人只看到武林高手看似简单的招数，却不了解其背后有着强大的内功在支撑。

于永正老师在小学语文教学上堪称"武林高手"，但他所说的简单语文并非快餐，恰恰相反，它是慢功夫、真功夫、大功夫；没有大量的语文素养的积累，简单语文就只能变得势单力薄。

要想练就于永正老师所说的功夫，不但需要语言的积累，还要有生活的积累与感受的积累。三者缺一，教不好语文，也学不好语文。

语言的积累就要在平时教学中注重读与背。对于课文或课本之外的"不必解"的经典诗文，于永正老师从不详解，因为解释了学生也未必明白。他主张"粗枝大意""不求甚解"，让学生先"吞咽"后"反刍"。因为经典诗文不但语言优美，还蕴含着真善美，当学生读熟或背诵之后，就会积淀在心里，到了一定的生命节点上，就会生根、发芽、开花与结果。况且，学生大都有着强大的记忆力，也有着很大的"存蓄"功能，且会在未来"反刍"后自然而然地生成巨大的生命能量。

于永正老师的女儿就是从小背诵了大量经典诗文，长大之后才"腹有诗书气自华"的。他的很多学生，也是因为小时候有了大量经典诗文的积累，才在语文学习中变得出类拔萃。他本人更是由于几十年如一日地阅读及背诵经典诗文，才有了出神入化的教学功力的。

于永正老师认为，即使有了大量经典诗文的积累后，尚不能抵达语文教学的最高境界，也很难让写作具有生命的张力与厚度。只有拥有丰富的生活经历与真实的感受，语文教学才能在平淡中见不凡，写作才能从浅层次的圈子跃升到高层次的殿堂里。

为此，于永正老师在教学的时候，只要条件允许，就会带领学生走进大自然、工厂、农村，以及其他社会实践和活动中去。他发现，学生们不但乐在其中，也会学习到很多课本上学不到的知识，并生成属于自己的生命感悟。

当他们再写作的时候，不但写得内容更加丰富真实，而且真实情感也会在文字间自然的流淌。

于永正老师更是如此，在70多年的生命历程中，他不但有读万卷书的丰富的知识与智慧的积累，也有行万里路的艰辛与磨砺。两者的有机融合，方才升华出属于于永正老师的生命厚度与高度。

当再回过头来思考于永正老师所言"简单"的时候，我们就会发现，他所说的"简单"的背后，是几十年如一日的生命积淀，是其既"知"又"行"高度和谐而又千锤百炼后升华成的一种大智慧、大境界。

突然想起苏东坡之言："博观而约取，厚积而薄发。"将苏东坡此言用到于永正老师身上，"岂虚言哉"？

三、积淀文化、诗意沛然的王崧舟老师

王崧舟老师走上讲台的那一瞬间，人们就已经被他那气定神闲的风度所折服。他从容自若的微笑，总会在不经意间透露出一种稳操胜券的自信。而在王崧舟老师整个课堂教学中，精彩不是"偶尔露峥嵘"，而是全程一以贯之。其间很少有慷慨激昂的情绪渲染，更无故弄玄虚的铺陈张扬，而是在平缓的叙说中，其诗意的语言与深邃的思想像山涧泉水一样叮咚作响而又"道法自然"地流泻出来，让人在身心愉悦的精神享受中，抵

王崧舟

达课文的内涵深层。

于是，其他教师在钦佩不已的同时，也有了"学而时习之"的冲动与欲求。有的教师，尤其是王崧舟的弟子，确实在他的这种教学方法与思维的影响下有了很大的发展，其中有十几位已经成为特级教师，有的还登上全国名师的殿堂一展风采，让人顿生"后生可畏，焉知来者之不如今也"的感叹。即使如此，他们要想攀升至王崧舟的境界，还需很长的一段路程要走。对于更多的教师，更是"路漫漫其修远兮"了。

难道王崧舟就是孔子称之为"上也"的"生而知之者"？笔者在与王崧舟长期的交流过程中，发现了一个他成功的密码，那就是"底蕴"。

底蕴是怎么来的？王崧舟认为，底蕴是靠书堆起来的。书读得多，不一定就底蕴深厚；但是不读书，或少读书，是一定没有底蕴的。读书的过程，就是不断积蓄精神能量、文化能量的过程。

1. 读书"三观"

王崧舟认为，读书对一个人的人生观、价值观和世界观的形成，以及整个生命的成长，起着至关重要的作用。于是，就有了属于王崧舟的读书"三观"，即为己读书、天天读书与随性读书。

（1）为己读书

王崧舟认为，为己读书不是手段，而是目的。孔子说："古之学者为己，今之学者为人。"大体意思是说，古代的人学习是为了提高自己，而现在的人学习是为了给别人看。看来，所谓"为己"，是说学习的终极目的是提高自己的精神境界。儒家之学，要言之，就是内圣与外王之道：不为己，无以内圣也；无内圣，亦无以外王也。所以《大学》有言："自天子以至于庶人，壹是皆以修身为本。"因为"本立而道生"，"修身"才能"齐家治国平天下"。

那么，读书就一定能提升人的精神境界吗？答案是"未必"。如果读了品位低劣、思想贫乏的书，则有可能读得越多，人格越低下。目前，各种各样的图书俯拾即是、优劣不等，稍不小心，就有可能掉到读书的陷阱里。

对此，王崧舟是早有警惕的。他所说的"读书"，并非什么书都读，而是读思想深刻、文化品位极高的书，尤其是要读经典著作。因为经典著作不但语言凝练优美，还蕴含着前人的智慧和丰富的人生哲理。读这样的书，才能净化心灵、升华人格。

真正优秀的教师，不但要有丰厚的知识、极强的教学能力，而且还要有高尚的人格。因为教师的人格修养会在平时的教学中传递给学生，并让学生不自觉地"择其善者而从之"。

由此看来，"为己"除了修养自身之外，还有了"己欲立而立人，己欲达而达人"的境界。恰如《大学》所言："君子有诸己而后求诸人，无诸己而后非诸人。"

所以，走进王崧舟的精神世界，除了欣赏其高超的教学艺术之外，还要感悟其超越常人的人生智慧。"为己"除了提高自己的修养和精神世界之外，更有"修己以达人"的更高境界。于是，王崧舟进行教学的时候，就有了特殊的责任感与使命感。因为在他看来，每一个学生都有巨大的发展潜能，而教师教学能力的高下，则在某种程度上影响着学生成长的速度。

正是基于这样一种思考，王崧舟不但通过课堂教学将其读书的智慧传递给学生，也引导学生多读书，读好书。这样，虽然他的学生当下未必就能考出特别好的成绩，却为未来发展积蓄了生命能量。他这也是在让学生更好地"为己"，也希望学生未来还能够"立己达人"，成为社会的有用人才。

（2）天天读书

北宋著名书法家、文学家黄庭坚说："士大夫三日不读书，则义理不交于胸中，对镜觉面目可憎，向人亦言语无味。"此说尽管有夸张的成分，却道出了一个事实：如果不每天读书的话，就有可能少了书卷气，多了市侩气。

王崧舟，就是一个天天读书者。尽管王崧舟的工作极其繁忙，可他每天都要抽出时间读书。读书不但成了他生命中不可或缺的事情，而且还成了一种学习习惯，进而升华成一种审美追求。他从书中获取精神营养与智慧的同时，也有了对美的欣赏与感悟。所以，天天读书不但没有成为他心理与精神的负担，反而不断提高他的精神境界，使他变得更加豁达从容。

王崧舟天天读书，而且是天天读好书、读经典之书，天天从中汲取精华。有的时候，他还会与这些书的作者进行心灵对话。其实，很多人讲起王崧舟，不只惊叹于他作为著名特级教师而具备的高超教学水平，还常常会因他丰厚的文化底蕴将其与大师比肩而立。

王崧舟能够抵达如此高的文化境界的原因自然非止一端，而天天读书当是其中一个重要因素。孟子说得好："人皆可以为尧舜。"既然人人都可以成为像尧舜那样的大德大才之人，那么，通过天天读书成为一位有修养、有才华的教师，也就并非难事了。从这个意义上说，王崧舟的成功，不只是他一个人的成功，他还给更多的教师以启示，只要天天读书，天天有所进步，一定会像荀子所说的那样："积土成山，风雨兴焉；积水成渊，蛟龙生焉；积善成德，而神明自得，圣心备焉。"

（3）随性读书

王崧舟的家里有个书房。10年前，他曾做过一个统计，当时他的藏书量达12000多册。近10年他又陆陆续续购买了许多书，这些书都对他产生过或大或小的影响。他常常在阅读中"发愤忘食，乐以忘忧"，有的时候，他还会心怀敬畏地站在书橱前，感恩它们对其生命成长的帮助。为此，他请浙江省著名的书法家陈大中先生为其书房撰写了一副对联，上联是"明月一帘无心照"，下联是"诗书半斋随性读"。

王崧舟刚开始读书的时候，多是系统地阅读，并非随性。可随着他读的书越来越多，读书的品位也越来越高，在积累了一定的文化底蕴之后，他已不再为"需要"而读书。于是,"随性读书"便成了王崧舟目前读书的一种状态。

王崧舟说,"随性"一词是他由杨绛先生回忆钱钟书先生读书生涯当中的一个细节"化"来的。杨绛先生回忆钱钟书先生读书的时候说:"钟书自拿到文凭之后,读书开始变得肆意起来。"王崧舟特别欣赏"肆意"这个词。在他看来,肆意就是随性,就是爱读什么就读什么,想读什么就读什么,什么时候想读就什么时候读。读书不为别的,就是为了开阔眼界,提升精神境界,促进心灵成长。

"随性"尽管有"肆意"的况味,可千万别错认为是漫无边际,随手拿起来一本书就阅读。因为这"随性"里是王崧舟对高尚灵魂的寻觅。卡莱尔曾说:"书中横卧着整个过去的灵魂。"读书,就是在跟书中的灵魂对话。恰如英国诗人、政论家弥尔顿所说:"好书是伟大心灵的宝贵血脉。"看来,"随性"还有更高的层次,虽"从心所欲",却均系"不逾矩"也。

2."六六"书系

当王崧舟的底蕴越来越厚、名气越来越大的时候,其"粉丝"数量也呈几何数级增长的态势。同时,有些优秀的小学语文教师有了向王崧舟拜师学艺的强烈愿望。于是,王崧舟名师工作室应运而生。从工作室成立到现在,培养的教师人数有数百之多,其中学有所成的"贤者"也越来越多——王崧舟有十多位弟子被评上了特级教师,还有几十位弟子陆续走进了全国名师的殿堂。

他的弟子从王崧舟那里不但学习教学艺术与做人之道,还拿到了一份名曰"六六"书系的秘密书单,即国学书系、灵性书系、美学书系、文学书系、教育书系、语文书系。从拜师之日起,王崧舟对弟子的第一个要求就是要用半年时间老老实实地读书,"六六"书系则是必读书目。

看了"六六"书系的书单后,不少人会惊叹于其内容的宽广和博大精深。也许有人会说,这对提升小学语文教师的教学水平未必能起到立竿见影的作用。可在王崧舟看来,要想成为一个真正意义上的小学语文名师,不读这些书是绝对不行的。他常常说,一个真正的名师最后教的是什么?是底蕴。什么是底蕴?底蕴就是人的精神能量、文化能量和生命能量。没有底蕴,或底蕴不厚实,哪怕你学了全套的"降龙十八掌",从"亢龙有悔"开始到"神龙摆尾",那也还是花拳绣腿,中看不中用。对于目前一些看起来热热闹闹的课堂教学,如果稍微深入研究就会发现,那不过是一种虚有其表的呈现方式而已,至于其中蕴含的文化底蕴,则难以见到。

教师要想充实自己的底蕴,非读书不可。不是读一般的书,而是读经典之书。久而久之,经典文化中蕴含的璀璨的思想光芒就能转化为一种生命能量,进而充盈内心,使其更有力量。那个时候,教师再进行课堂教学,无须着意设计多少技巧,就能让人"于无声处听惊雷",让学生与其他听课老师感受到丰沛的文化意蕴与生命的力量。

四、吟诵诗文、风趣幽默的赵志祥老师

赵志祥老师在小学语文教师中,因其博学多识、幽默风趣而给人留下深刻印象。这需要的不只是深厚的文化底蕴,还有课堂之上常人难以企及的教学智慧。

1. 熟读成诵:语文学习之本

"读书百遍,其义自现"这一经典话语,其深远意义迄今依然光芒不减。

遗憾的是，不少教师虽然对此耳熟能详，可在教学的过程中却与之背道而驰。于是，"少慢差废"现象也就一直在语文课堂教学上不停上演着。

有的语文教师即使明晓熟读成诵的道理，也不明白强化记忆的心理依据。心理学研究发现，用同一种方式阅读课文，固然也能让学生实现背诵的目的，可是，这种单一的方式也在无形中消解着学生的阅读兴趣，从而降低了背诵的效率和质量。

赵志祥

赵志祥老师不但让学生领略到了"读书百遍，其义自见"的深刻内涵，还大大提升了熟读成诵的效率。在他的课堂上，学生阅读课文的形式多种多样，大大地调动了学生诵读的积极性，不但让学生大大缩减了熟读成诵的时间，而且还提升了他们的自信心和学习热情。

2021年4月9日，"第十三届名家人文教育高端论坛暨名师课堂研讨会"在济南市纬二路小学拉开帷幕。由赵老师执教的《自相矛盾》一课，现场气氛热闹非凡，其中学生阅读课文的方式让我这个常驻足于语文课堂的人也感到耳目一新又敬佩不已。

赵志祥老师在要求学生朗读一遍课文之后，不少现场听课的教师为学生们大声朗读的水平和精神面貌暗暗称道，赵志祥老师也对其予以了表扬；突然，他话锋一转，委婉又恳切地告诉学生，朗读这篇古文，还要适当放低声音、放慢语速，以便更好地进入课文的情境之中。这让我顿时产生了共鸣，因为我做讲座的时候，除了普通话不标准之外，另一个问题就是语速太快，有些话常常让听课的教师不知所云。后来，我请教了一位中国传媒大学的博士生导师，他告诉我，中央电视台主持人的语速一般是一分钟150~180个字，而我的语速一分钟至少在220个字之上了。我恍然大悟，此后开设讲座，我都在一张白纸写上"语速、声音"几个字，放于我的视线之内。自从我放慢语速之后，情况发生了很大的转变，即使在广东、广西等方言很重的地方，我讲话的时候，观众也能听清楚、听明白。对于像《自相矛盾》这样的文言文，学生第一遍读更不能语速太快，如果太快，不仅让别人难以听清楚，也很难让其中的词义在学生心中烙下印记。

学生按照赵志祥老师的要求重读之后，就有了超越此前的别样的韵味之美。随后，赵志祥老师又将课文以竖排的形式投影到屏幕上，让学生再读。学生读后，他又将无标点符号的课文以竖排的形式投影到屏幕上。然后，他对学生说："古人所写之文，本来就没有标点符号，我想你们不可能读好它。"这种有意的"贬抑"，瞬间激起了学生的阅读兴趣，他们几乎异口同声地说："能！"。结果，学生们读得分毫不差。

赵志祥老师"惊讶"于学生高超的阅读水平。可他又接着说："古人所写的字不是今天我们看到的简体字，而是繁体字。如果是繁体字，你们就肯定读不好了。"这让学生们很不服气，不但大声说着"能"，而且个个跃跃欲试，准备大显身手。当赵老师将竖排、无标点、繁体字课文投影到屏幕上之后，学生们依然读得声情并茂且顺畅无误。

赵志祥老师对他们大加表扬之后，又近乎神秘地将大篆字体课文投影到屏幕上，用略带"挑衅"的口吻对孩子们说："你们敢不敢与在场的教师们一起比试一下，看谁读得好。"学生们个个摩拳擦掌，大有不把教师们打个"落花流水"而决不罢休之势。

比试开始了，学生们先读，他们的声音清晰洪亮，且读出了文中的韵味。学生们读完后，教师们再读，他们声音很低，而且让人感到有点萎靡不振的感觉。显然，学生在这场比赛中已经完胜了教师。

可赵志祥老师却有意"袒护"教师们，说他们读得另有可取之处。学生们听后都很不服气，一个个理直气壮地说老师们读的与他们所读的差别很大。有一个学生不经赵老师允许，便大声说道："我换一个说法：几百大人抵不过30多个小孩！"随即是一片近乎沸腾的大笑声。

这个时候，扬扬自得的学生也许认为是打败天下无敌手了。

赵志祥老师趁势说道："既然不服，敢不敢向我挑战？"

"敢！"已是屡战屡胜的学生们的喊声一浪高过一浪。

赵老师也不示弱："敢向我挑战的同学举手！"

于是，现场全体学生高高地走起了右手。

赵志祥老师接着问道："是'单挑'还是'群殴'？"

孩子们的笑声在教室里回荡，随后，赵志祥老师从全体学生中选出三个学生与他进行比试。

三个学生分别朗读课文，几乎寻觅不到任何瑕疵。所以，他们个个神采飞扬，认为已经稳操胜券了。

可赵志祥老师却不以为然地说道："我已经胜了，因为你们是读，可我已经会背了。"

三个学生很不服气，齐声喊道："我们也会背！"于是，三个学生分别熟练地背诵了一遍课文，然后以胜利者的姿态看着赵老师，意思是说，看你还有什么话说。

赵志祥老师极其幽默地说道："好吧。我如此民主，如此宽容，竟然遇到一群紧追不舍、喋喋不休的家伙。那好，我只得和你们一比高下了。"

说完，他面向学生，用"唐调"吟诵起来："楚人有鬻盾与矛者……不可同世而立。"

吟诵刚一结束，全体学生和在场的教师便报以热烈的掌声。

掌声过后，赵志祥老师对孩子们说："哪个同学来两句？"

学生们自愧不如，面面相觑，同时又向赵志祥老师投以敬仰的目光。

一位学生由衷地说道："老师，您真厉害！"

赵志祥老师确实"厉害"，因为他深知，要想提升熟读成诵的速度与质量，不但要不断变换诵读的方式，而且还要把孩子们与生俱来的好胜心和好奇心激发出来。课堂教学不只是教会学生知识，还要将学生积极的情绪充分调动起来，让课堂氛围充满活力，让学生感受到读书是一件无比快乐的事情。这不仅对学生的学习产生一种积极的心理暗示，而且能在学生心里种下读书的种子，让他们由此爱上读书，并拥有积极健康的心态。

2. 诗外功夫：成就名师之道

赵志祥老师不只是一位语文教师，而且还是一位学养深厚的名师。他上课的时候，很多经典诗文妙句，他总可以如囊中取物一般信手拈来。也许有人认为，赵志祥老师是因为在备课上下了很大的功夫，所以才将每一句引用都铭记于心，才有了如此浑然天成之妙。当然，赵志祥老师的备课是绝对认真的，即使以前讲过很多遍且已驾轻就熟的课文，他依然会极其认真地备课。不过，他的备课并非传统意义上的一遍又一遍地研读教学参考书，而是有一套独特的备课方法。

2020年11月7日下午，赵志祥老师要在常州市龙虎塘第二实验小学举办的"第十二届名家人文教育高端论坛暨名师课堂研讨会"上执教《楹联雅趣》一课。讲课之前，他独自一人到常州舣舟亭游览，研读并记下了几副楹联，并水到渠成地用到了这次讲课中。没想到，那些生于斯长于斯的学生，对此却几乎一无所知。何止学生，课后我曾问过几位当地的教师，他们大多也没有去过这个文化名胜景点，即使去过，对于这些楹联也多视而不见，即使见了，也未必能知晓其要义。可赵志祥老师却开启了一场别开生面的备课之旅，并将其"研究成果"天衣无缝地用到《楹联雅趣》的课堂教学之中，既为课堂教学增添了富有当地色彩的经典元素，又让学生感受到了楹联这一中国传统文化的源远流长与博大精深。

这样的备课，是一般教师很难做到的。那次在常州听课的时候，笔者曾不止一次为赵志祥老师的博学而击节称叹。即使长达数百字甚至两千多字的楹联，他都可以倒背如流。

赵志祥老师在平时上课教古诗文的时候，总会将那些与课文内容有关联的经典诗文，如数家珍般地引入到课堂教学之中，既大大增加了课堂的趣味性，又增加了课堂教学的深度。

没有大量经典诗文的积累，哪有今天叱咤于中国语文教学课堂上的"常胜将军"赵志祥！

在赵志祥老师看来，背诵经典诗文是备课，读书同样也是备课。他非常赞赏苏霍姆林斯基对备课的看法："每天不间断地读书，与书籍结下终生的友谊，就是最好的备课。"

工作之余，他常常徜徉于自己的书房里，乐在其中地阅读。不过，他读书并非随手取来，任意而读，也不是追逐潮流，而是"取法乎上"之读。俗话说："取法乎上，仅得乎中；取法乎中，仅得其下。"我们读世界大师的作品，虽然很难达到他们的水平，但可以达到中层的水平；如果读中层水平的书，就只能取得较差的效果了。所以，如果读书没有选对书，尽管读了很多书，也只能原地踏步，更不用说提升文化底蕴和精神境界了。赵志祥老师毫不客气地说："至于那些泛泛而谈的现代文，我是不读的。"

正是由于不屑一顾于低层次的文化阅读，才让他有了更多时间去读名家大师的作品。天天浸润其中，持续地享受着高尚精神与经典文化的滋养，也让他拥有了远远超越一般教师的精神境界与大智慧。正是这种诗外功夫，才让他在课堂上彰显出大家风范。

五、饱读诗书、汪洋恣肆的沈红旗老师

上海市第八中学沈红旗老师的语文课堂，给人一种纵横捭阖、汪洋恣肆甚至天马行空的感觉，许多古今中外的经典诗文，他都可以信手拈来，让学生在接受古典文化熏陶的同时，也将学生带入一个更广阔的文化天地。

沈红旗

其实，沈红旗独特的教学风格和渊博的知识并非"得来全不费工夫"，而是来源于其持之以恒的经典诵读以及对语文教学的深入研究。

1. 读书背书：生命的快乐

沈红旗喜欢读书始于小学三年级，孤灯之下，他在文学的世界里欢快地遨游，读到尽兴处时，常常"不知东方之既白"。

沈红旗上中学时，由于学校教室紧张，所以每天只能上半天课。然而"祸兮福所倚，福兮祸所伏"，在家的半天时间，便全部成了他快乐的读书时光。有时，他会将半天时间都用来泡在图书馆里或福州路文化街上的书店里。每天做完作业后，他常常独自一人阅读名著至11点多钟，并硬性规定每天拿出一定的时间进行熟读背诵。当时有些书很难买到，为此他还抄了不少书。

他抄巴尔扎克等著名作家的小说，也抄普希金等诗人的抒情诗；他抄唐诗宋词，也抄现代经典诗作。他说，直到现在，他依然保存着《西方名诗选》《普希金抒情诗选》《杜甫诗选》《李贺诗选》《苏东坡诗词选》等中外名作的手抄本。

　　一天，沈红旗无意中与一位同学聊起读书。他怎么也没有想到，这位同学虽然对中国古典文学作品所知甚少，但却读了许多哲学类书籍。沈红旗很快便与他结成朋友，他们一起跑书店，共同谈读书感想。于是，《欧洲哲学史简编》等哲学书便进入了沈红旗的读书视野。他在读书的同时，还对西方哲学、美学等专著做了10万字以上的摘录，买了大量名家画册、书法碑帖，去上海音乐厅欣赏了大量古典交响乐，并参观了卢浮宫在上海举办的画展。

　　经过中学六年的大量阅读，使他掌握了中外文学史、西方哲学、美术、音乐等方面的知识，建立了自我人文素养的基本骨架。

　　大学一年级时，沈红旗背熟了一本成语词典。他先是买来两本，一本用来查阅，一本用来背诵。每天撕10页进行背诵，历时4个月背完一整本成语词典。从那之后，沈红旗一直对成语保持着浓厚的兴趣，家里更是有数十种成语辞典。

　　大学4年间，沈红旗钟爱于中国古典文学的同时，开始拜读弗洛伊德、尼采、孔子、老子、庄子等大家的哲学书，而且一发不可收拾。现在有人谈起沈红旗的论文，往往评价其为哲思飞扬。沈红旗说，那都是他在中学与大学阶段多读多背的成果。

　　沈红旗认为，要使语文教学更富成效，教师不应是一根只会燃烧自己的可怜的蜡烛，而要做一个在辉煌中同时照亮自我、他人和世界的火炬。他通过反思领悟到，在教学活动中，教师应追求双赢式的发展，明确语文教师的自我定位，重构一个合理的教学结构。

　　读书成了沈红旗生活中最重要的事情。每年他都要购置大量的图书，家中的10个大书橱早已装满，于是成堆的书籍又向床底、桌上"侵略"。近年来，他每年自费近千元订阅报刊；每年的两个假期，他都会批读大百科全书中的文科相关分册或一些经典年鉴。

正是由于沈红旗的广览博识，使他能够站在一个相当的高度审视自己的教学实践，课堂教学也就有了一种纵横捭阖、汪洋恣肆的气势。

2. 古文教学：眺望经典诗文呈现的精神气象

沈红旗认为，学好古文确实需要大量的背诵积累，但如果没有教师的精妙点拨，背诵便会沦为索然寡味的死记硬背，难以渗入学生的灵魂深处。通常，学生在阅读文言文或古诗文时，在分析了每字每句的含义之后，总是不能以敬畏的目光眺望那些经典古文中呈现出的浑灏苍莽的精神气象，感悟其中蕴含的深厚的文化内涵。因此，唤醒古文教学的生命意识，便成了他追求的一个至高目标。

沈红旗特别重视文言文教学的开篇讲解。他曾连用几节绪论课，将中学阶段需要掌握的所有文言知识、名家名篇列出一个整体框架，并向学生展示中学阶段全部的教学内容。这项工作无异于为学生画了一张导游图，既能让学生对即将所学的知识胸有成竹，具备全局观念，又让学生便于按图索骥地查找、自学，激发学习兴趣，还能培养师生合作观念，共同克服重重困难，攀登学习高峰。

每教学完一首诗词，他都要求学生写一篇300字以内的读后心得，要求用词精准，言简意赅。为起示范作用，沈红旗总是先行"下水"。如教学苏东坡的词《念奴娇·赤壁怀古》之后，他就写了这样一篇品味心得："这首借景抒情的怀古词是苏轼豪放词风的代表作。该词气势雄浑奔放，语句舒卷自如，显示出强大的艺术震撼力。上片写景气象磅礴。首句起笔不凡，阔大的空间与纵深的时间共同构成了一幅恢宏壮阔的画面。接下来的诗句大声镗辔,如万马奔腾,惊雷轰鸣,视觉效果更是骇人心魄。下片写人形象鲜明。苏轼刻画周瑜形象时,分别从其美满婚姻、潇洒服饰、不凡韬略等不同角度着手,因而将周瑜塑造得血肉丰满、栩栩如生,如同亲眼所见。最后两句做一衬跌,由对壮丽景象的赞美、对英雄人物的向往回到现实,对照光阴虚掷、壮怀难酬的自我,顿生一种难以驱遣的悲凉之情。全词的意境令人想起贝多芬《英雄交响曲》和《命运交响曲》中那些壮丽辉煌的乐章,英气勃勃,振聋发聩。"他的"下水"写作引发了学生的浓烈兴趣,学生甚至有了欲与教师一比高下的激情。于是,师生竞赛又成了沈红旗教学中的一道特殊景观。

沈红旗的文言文和诗文教学,引发了学生的学习兴趣,激发了学生的好奇心和自信心。学生在细致地品味了诗词的精妙之后,必然理解得更加透彻,记得更加深刻。所以有人说,沈红旗的古诗文教学,真正实现了生命的唤醒与诗意的回归。

六、数学诗教、抽象之美的刘宗三老师

如果说语文学科的诗教是"你方唱罢我登场"的热闹场景的话,数学、英语、物理、化学、体育等学科的诗教也不甘落后,同样呈现出"欲与天公试比高"的态势。囿于篇幅,笔者仅将采访上海复旦五浦汇实验学校数学老师刘宗三的某些诗教片段呈现出来,以期能让读者从中窥斑见豹。

刘宗三老师说,我国传统的数学教育就是与诗词紧密结合的。其中,以《算法统宗》为代表的古典数学文献中记载了大量以诗词为载体的数学典故和问题。20世纪以来中国最杰出的数学家熊庆来、华罗庚、苏步青、陈省身、谷超豪,无一不是诗词高手。被誉为"现代分析之父"的德国数学家魏

尔斯特拉斯指出："一个没有几分诗人才能的数学家，决不会成为一个完全的数学家。"因为数学美和诗词美有一条看不见的通道，步入其中，不但会让学生感到数学的诗性之美，还会领略到抽象之美的无穷乐趣。

刘宗三老师常常被数学的诗词之美感动，并由此研究出了数学教学中开展"诗教"的途径和方法。

刘宗三

1. 用诗导入新课

用诗词引发学习兴趣、复习旧知识和创设问题情境，从而为学生学习提供数学教学的良好情绪背景，让比较抽象的数学教学变得意趣盎然。

在教授第八章《长方体的再认识》一课时，刘宗三老师一上课便吟诵了杜甫的《绝句》：

两个黄鹂鸣翠柳，

一行白鹭上青天。

窗含西岭千秋雪，

门泊东吴万里船。

吟诵完毕，他便故作神秘地对学生说："你们知道吗？这首诗里隐藏着今天数学学习的内容。"

学生立刻振奋起来，一双双求知的眼睛看向刘宗三老师。

于是，刘宗三老师从容地说道："从数学的角度来看，第一句'两个黄鹂'描写的是两个点；第二句'一行白鹭'描写的是一条线；第三句'窗含西岭千秋雪'，描写的是一个面；第四句'门泊东吴万里船'，描写的是一个空间体。"

然后，他感慨不已地说："同学们，杜甫何其伟大啊！他不但为我们描绘了一幅有近有远、有动有静的美妙春色图，还把数学中的点、线、面、体刻画得惟妙惟肖！"

学生被刘老师诗情画意般的"数学解释"吸引住了，很快便认真地投入到《长方体的再认识》这课的学习之中。

如果说兴趣是最好的老师的话，那么，诗意则是激发学生学习兴趣的美妙乐章。学生在这种状态下的学习，不但心灵愉悦，而且效率也得到提高。

2. 用诗固化长时记忆

初中学生要想学好数学，必须记牢基本概念，可是机械记忆，不但记得慢，而且忘得快。刘宗三老师将这些概念编成顺口溜式的诗歌，学生在朗朗上口的诵读中，很快就将这些概念记在心里，且长久不忘。

刘宗三老师在教完《一元一次方程的解法》之后，发现有些学生对移项等步骤和方法总是丢三落四，容易出现格式和符号问题，于是编诗一首：

> 已知未知闹分离，分离方法就是移。
> 加减移项要变号，乘除移了要颠倒。
> 先去分母再括号，移项合并同类项。
> 系数化一才写完，检验无误真正好。

结果，学生高高兴兴地读了一小会儿便倒背如流了；而移项等步骤和方法则形象而又深刻地烙印在了他们的脑海里。

3. 用诗进行总结

教师在教完新的知识之后，如果不做有效的总结，很多知识会以碎片的状态散落在学生的大脑里。所以，总结就成了课堂教学的一个必不可少的重要环节。可是，有的教师以抽象的形式将所教知识梳理之后，学生虽然也多能当场明白，但很难长久铭记。而刘宗三老师通过诗歌这一载体进行总结，让学生在吟唱中将知识长时间地固化在记忆的长河里。

刘宗三老师在教授第八章《长方体的再认识》一课时，异面直线的几何性质"空间中既不平行也不相交"这一知识点成为学生学习的一个难点。为此，他在备课时灵机一动，作了一首打油诗《异面直线的爱情》：

我们是异面直线，

不属于任何一个平面，

既不相交，也不平行。

羡慕平行，

虽然不曾有过交集，

但却能够并肩向前，不离不弃。

羡慕相交，

纵使不能相伴永远，

但至少还拥有过曾经的美好。

可我们只是一对异面的直线，

不能平行，亦无法相交，

甚至不能仰望同一片蓝天。

我们是异面直线，

无论如何努力地伸长臂膀，

也无法交握我们的双手。

这首诗让学生瞬间兴奋起来，边读边背，很快便把异面直线的几何性质记在心里了。即使下课时，他们依然意犹未尽地相互吟诵着，甚至有的学生还给这首打油诗谱了曲子，自鸣得意地唱起来。刘宗三老师的数学课生动有趣，学生们都喜欢上他的课，并由此喜欢上数学这门学科，考试成绩也在不断地提高。

4. 用诗指导学法

在教学中，教师要关注教法，更要让学生掌握学法，因为教师教会学生与学生自己学会的效果大不相同。教师长期引导学生关注与研究学法，就会让学生的学习变得高效又轻松。恰如中国第一篇教育学论著《学记》所言："善学者，师逸而功倍，又从而庸之。"掌握了学习方法才能提高学习效率，从而让教师费力不大却可以达到事半功倍的效果，而且学生还会将取得的成绩归功于教师。

刘宗三老师就特别关注学生的学习方法是否正确。他曾引用宋代理学家陆九渊的《读书》，来引导学生掌握正确的学习方法：

> 读书切戒在慌忙，涵泳工夫兴味长。
> 未晓不妨权放过，切身须要急思量。

陆九渊告诉我们，读书不要性急，要边吟诵边思考，慢慢琢磨消化；遇到读不懂的地方，不妨暂时先放过去，等到上下文都读过之后，或是日后重新阅读时，慢慢地就会领悟了。

不只是读书，学生在预习未学的数学知识时，也要平心静气，慢慢地涵泳、品味，当因不断思考而产生新的感悟时，就会在无意间增强学生自主学习的信心。久而久之，学生不但掌握了学习方法，还会慢慢培养出知难而进的学习品质。这样，学习效率不断提高也就水到渠成了。

5. 用诗励志激趣

"诗言志"是我国古代文论家对诗的本质特征的认识。《尚书·舜典》中说："诗言志，歌永言，声依永，律和声。"刘宗三老师认为，"诗言志"也应当成为激发学生学好数学的动力，尤其是古今中外数学家"志于学"的典型案例，更能培育学生远大的学习志向。华罗庚是家喻户晓的数学家，他的诗句"勤能补拙是良训，一分辛苦一分才"已经广为流传，妇孺皆知。为此，刘老师就将华罗庚所写的励志诗读给学生听，让他们牢牢记在心里，并付诸行动。比如，华罗庚在1981年曾写过《寄青年》一诗：

发愤早为好，苟晚休嫌迟。

最忌不努力，一生都无知。

学生从这位大数学家的诗中感悟到，只有立志学习，才能终成大业，对社会做出卓越的贡献。所以，学生一旦有了学习的志向，就会形成一种相对稳定而又持久的学习动力，从而"化育人心"，在"学不可以已"中不断前行，让生命更有意义。

刘老师认为，适时引入数学名家的诗词，用数学家积极奋斗的精神和在诗词方面的极高造诣激励学生，不但有利于学生意志品质的形成，还会大大提高他们的学习效率。

但是，诗词教学不等于学科教学，要懂得过犹不及。究竟如何在学科教学中进行诗教，上海复旦五浦汇实验学校的老师们总结了三个原则：一是诗教是辅助教学的手段，力争为教学锦上添花，但不可喧宾夺主；二是学科教学中的诗教要自然、贴切，不可生搬硬套；三是学科诗教重在引导学生产生学习的兴趣。

第四讲

经典教法，彰显效益

有人认为，中国古代教学是以教师教授为主，学生只是听众而已。其实不然。大家知道，中国第一篇教育学的论著叫作《学记》，而不是《教记》。为什么呢？因为我们中国古代的教育家认为，教学不但要注重教师的教，也要注重学生的学。《学记》上不但有"教学相长"的教育观点，而且还有关于课堂上要求教师少讲的精辟论断："善歌者，使人继其声；善教者，使人继其志。其言也，约而达，微而臧，罕譬而喻，可谓继志矣。"意思是说，会唱歌的人，不仅声音悦耳，动人心弦，还要使人情不自禁地跟着唱起来。会教学的人，不仅传授知识，启发人心，还要引导学生自觉地跟着他学习。教师讲课，要简单明确，精练而完善，举例不要过多，但要讲清楚问题。这样，才可以达到使学生自觉地跟着他学习的目的。《学记》上还说："君子之教，喻也。道而弗牵，强而弗抑，开而弗达。道而弗牵则和，强而弗抑则易，开而弗达则思。和易以思，可谓善喻矣。"意思是说，教师教育学生，要注重启发诱导。要引导学生而不要牵着学生走，要鼓励学生而不要压抑他们，要引导学生自己打开学习的门径，而不要代替学生做出结论。道而弗牵，师生关系才能融洽、亲切；强而弗抑，才能激发学生学习的潜能；开而弗达，学生才会真正开动脑筋思考。教师能做到这些就可以说得上是善于诱导了。《学记》认为："善学者，师逸而功倍，又从而庸之；不善学者，师勤而功半，又从而怨之。"意思是说，善于学习的人，往往教师所费力气不大，但自己获益却很多，又能归功于教师，对教师表示感激之意；不善学习的人，往往教师费力很大，但自己获益却很少，反而把责任推给教师，埋怨教师。由此观之，要想让学生善于学习，教师就要研究教学方法，从而让学生抵达善学且高效的境界。

孔子是至圣先师，也最早提出启发式教学，不但培养出了各方面的人才，而且他在实践基础上提出的教育说，不仅为中国古代教育奠定了理论基础，也对当代教师的教学方法产生了深刻的影响。

一、"道而弗牵"的孔子

孔子

《诗经》是中国古代诗歌的开端，不仅具有巨大的实用价值，而且在教学上也可以起到立言、立行的作用。在特定的教学场景中，如果教师灵感突然降临，引用《诗经》中的诗句到教学场景中，不仅能使其与教学内容合二为一，还能生发出独特的意象，让教学呈现出妙不可言的景观。

孔子在平时教学以及和弟子交谈的时候，也会引用不少《诗经》的内容。但是，孔子不是就文字讲文字，也不是就内容谈内容，更不是将自己的观点与想法直接告诉弟子，而是"道而弗牵"地进行引导学生由《诗经》悟道，从而引导他们自己思考，激发他们学习上的潜能。

1. 子夏"仁先礼后"之悟

在《论语·八佾》中有这样一章：

子夏问曰："'巧笑倩兮，美目盼兮，素以为绚兮。'何谓也？"

子曰："绘事后素。"

曰："礼后乎？"

子曰："起予者商也，始可与言诗已矣。"

这部分的大体意思如下：

子夏问道："'美丽的笑容，酒窝微动；灵动的眼睛，黑白传神；素装打扮却如此绚丽。'这是什么意思？"

孔子说："就像绘画一样，要先有白底，而后才能不断上色。"

子夏说："那么礼仪产在仁德之后吗？"

孔子说："能给我启发的是卜商你呀，看来我可以和你讨论《诗经》了。"

"巧笑倩兮，美目盼兮"出自《诗经·卫风·硕人》，刻画了卫庄公夫人庄姜贤惠、美丽的形象。"素以为绚兮"不知出处，有人认为是逸诗，可这里三句连用，当与《诗经》有关系。

子夏由此而向孔子提出问题，看来，他不但诵读过《诗经·卫风·硕人》这首诗，而且由此展开了思考，进而产生了疑问。这也表明孔子在平时教学中不但要求弟子好好诵读《诗经》，而且还要求他们善于发现问题，真正做到"知之为知之，不知为不知"。不知的时候，当然由自己思考研究出来最好，自己研究不出来的时候，就要向孔子请教。

孔子心中自然明白这首诗中的要义。庄姜虽然只是素装打扮，并未浓妆艳抹，可依然绚丽动人，是因为她的本质很美。庄姜品德高尚，又知书达理，明辨是非，所以即使素装打扮，仍然很美。可孔子并没有将这种内在意蕴直接告诉子夏，而是用"绘事后素"寥寥四字做比喻，启发子夏感悟其中的要义。

古时绘画，要先放上一块白色的丝织物，才能在上面着墨作画。朱熹也说过："后素，后于素也。"这说明，庄姜之美，正如"绘事后素"一样，要先有本质之美，只有品德高尚的人，才能做到"素以为绚兮"。

子夏从孔子的喻义中领悟到了一个重要的道理，于是就有了"礼后乎"这一看似疑问、实则正确的回答。

子夏问诗，实际上是在问"礼"是形式重要还是实质重要。孔子用绘画来说明"礼"和"仁"的关系,子夏由此悟出了"仁先礼后"的孔子之意。在现实生活中,我们要懂得仁德才是基础,才是做人的根本。

孔子通过隐喻来启发子夏,这对于今天教师的教学有着重要的启示作用。当学生提出某个问题的时候,教师不要直接将答案告诉学生,而是通过启发诱导,让他们进一步思考,以至产生灵感并感悟。也许在这个过程中,教师也可以从学生的感悟中,受到某些启示,以达到"教学相长"的效果。

2. 子贡切磋琢磨之悟

喜好文学的子夏在孔子引导下可以由《诗经》悟道,聪明过人的子贡也有心有灵犀一点通的悟道之妙。

在《论语·学而》中,就有一章记载了子贡由《诗》悟道的内容:

子贡曰:"贫而无谄,富而无骄,何如?"

子曰:"可也。未若贫而乐,富而好礼者也。"

子贡曰:"《诗》云:'如切如磋,如琢如磨。'其斯之谓与?"

子曰:"赐也,始可与言《诗》已矣,告诸往而知来者。"

这一章的大体意思如下:

子贡说:"贫穷而不逢迎谄媚,富裕而不骄矜傲慢,怎么样?"

孔子说:"可以。但不如虽贫穷却快乐,虽富裕却谦虚有礼。"

子贡说:"《诗经》上说:君子做学问就像加工象牙和玉石,切割后再锉刻,雕琢后再磨光,不断自我完善,是不是这个意思呢?"

孔子说:"子贡呀,我现在可以和你讨论《诗经》了。告诉你过去的事,你能因此而领悟其他的事。"

由此可以看出,孔子对子贡的类比推理及联想思维很欣赏,子贡能够从《诗经》中领悟到人应该修身养性、不断精进的道理。

子贡聪明智慧,听孔子之言,便知弦外之音。恰恰因为他善于思考和联想，才使他的学问更精进。孔子随后对他进行表扬和鼓励，也是希望他这个聪明绝顶的学生能够"如切如磋，如琢如磨"地研学与实践下去。

子贡后来成就斐然，孔子的表扬、鼓励产生了一定的作用。

二、"强而弗抑"的"华之梦教育e积分"创始人李维新

2019年10月26日至11月30日，笔者与李维新老师采用对话的形式，以《为教育圆梦，幸福天下师生——走进李维新老师的"华之梦教育e积分"》为题，连续在《中国教育报》第4版刊发了六篇文章，产生了很大的影响。李维新作为"华之梦教育e积分"的创始人，倡导通过"e积分"的管理方法，让学生开心成长，让教师舒心工作，让干部顺心管理，让家长放心教育。

2018年，"教育e积分首届全国落地实操研讨班"正式启航。时至今日，"华之梦教育e积分"数字化运营已成功举办了17次全国实操研讨会、8期专家集训，覆盖21个省、67个地级市、113个县（区）的3500余所学校，为万余位校长、教师培训"教育e积分"，帮助1000多所学校实操落地。疫情期间公益推出25节教师、家长课堂以及校长专题课程，持续为全国各地的校长、教师、家长赋能，惠及上千所学校和几十万师生，得到社会各界的一致好评。

2019年，李维新致力于布局教育领域"十百千万"工程。

2020年，李维新开启25场"教育e积分线上公益课程"，同时"华之梦教育e积分"受邀走进潍坊安丘、临沂河东、滨州博兴、陕西大荔、江苏连云港、黑龙江大庆、河北威县等地进行公益巡讲数十次，为地方教师赋能。

2021年，李维新携专家团教师落地服务数百所数字化运营学校，开展线上辅导、线下走访，快速落地"双减"政策，打造标杆学校。

2022年，李维新应教育部邀请，为甘肃三县教师做《以数字化运营助推学校高质量发展》主题讲座，振兴乡村教育，赋能一线教师。

迄今为止，李维新已举办公益培训和巡回演讲近百场，为数万名教育工作者辅导"教育e积分"，到访上百家学校进行现场专访调研。

1. "教育e积分"的缘起

2001年，大学毕业3年的李维新，通过竞争上岗的方式成为当时全镇教育系统最年轻的干部——少先队总辅导员兼教导副主任，负责全校学生的管理工作和艺体工作。学校采用"学生常规百分竞赛"的方式管理各班级学生，即由少先队执勤学生负责每天不定时检查各班学生常规情况，如果发现问题，就给相应班级扣分。时间一长，被扣分班级的班主任就不高兴了，经常私下找执勤学生"聊天"，执勤学生也不知道该怎么办，就来找李维新"辞职"。

李维新担心扣分会让学生形成恐惧心理，不但影响学生情绪，还会影响他们的学习效率，甚至会影响到他们未来的发展。

为抓好学生管理，每天课间操结束后，李维新都在全体师生面前点评各班学生常规情况，他以表扬表现好的班级为主，至于扣分多的班级，他也只谈扣分原因，不做批评。慢慢地，他发现被表扬的班级，教师和学生都很开心，所以他就开始琢磨："百分竞赛"为什么非要扣分呢？为什么不能奖分？

在大家司空见惯的场景中，李维新却从中发现了问题，并思考如何解决这些问题。这至少反映出两个问题：一是他从学生包括从班主任的切身感受出发思考问题，如果没有学生的快乐与班主任的积极性，就无法真正将教学工作做好；二是他有一种善于发现问题和解决问题的智慧与能力。

从那以后，李维新就开始给各班制定奖分标准，让执勤学生负责挑选表现好的班级进行加分。这一举动起到了很好的效果。拿跑操这件事来说，执勤学生站在跑道边将跑操好的班级记录下来，并给这些班级加 2 分，于是跑操好的班级就变得越来越多。因为有了加分制度，学生们跑得更有劲儿了，教师们也很高兴。

加分与扣分竟然产生如此天壤之别的效果，这让很多人意想不到。由于不再被扣分，学生和教师就没有了心理压力，加分也让他们产生了受尊重、被肯定的感觉。这不但让李维新的工作越来越顺手，而且心情也越来越舒畅。

2009 年，李维新临危受命，接任青岛保税区希望小学校长，"让山里的孩子享受城里的教育"是他给自己定下的办学目标。他制作了蓝（1 分）、黄（5 分）、红（10 分）三种颜色的"奖励卡"，要求教师在学生的常规管理和课堂教学中全面使用。

李维新让教师们按学生的学习成绩、综合能力分组，按照"同组异质、异组同质"的原则，每个小组有 4 个学生——学习成绩优、良、中、差者各一个，成绩等级分别用"太阳""月亮""星星""天使"命名。小组内的成员按照成绩命名为"1 号""2 号""3 号""4 号"，并代表不同的分值。上课提问问题时，教师不再叫学生的名字，只叫组号，再由小组指派一名学生代表小组回答问题，不同学生回答获得不同分数：1 号回答得 1 分，2 号回答得 2 分，3 号回答得 3 分，4 号回答得 4 分。小组为了得高分，纷纷让 4 号代表小组回答问题，于是"天使"一下子被"激活"了。

"同组异质、异组同质"的小组合作学习，不但提高了学生们（尤其是

"天使"们）主动学习的积极性，而且还让后进生有了受尊重与被重视的感觉，他们的自信心也在逐渐地苏醒。

后来，李维新又把这个方法沿用到监督学生写作业上。两个小组之间相互检查作业，如果有一个小组的某位成员没有写作业，就给对方小组加分。不同的学生所加分值不同，即3号不写给对方小组加3分，4号不写给对方小组加4分。只要哪个学生"敢"不写作业，课间就会被同组同学"围攻"，甚至放学后被同学带回家写作业。就这样，让老师们"千年头疼"的家庭作业问题得到有效解决。

家庭作业之所以得到有效解决，是因为李维新采用了捆绑式评价的方法，即不是评价个人的优劣，而是对整个小组进行总评价，只要小组中的任何一个成员没有很好地完成作业，整个小组的得分就会减少，从而"株连"到自己。更重要的是，通过小组合作学习，学生还会形成一种团队精神，他们在为个人考虑的同时，也在思考如何让自己的小组变得更加优秀。这种合作意识一旦形成，不但对学生的当下产生有益影响，还会向未来延伸，为学生的成长及未来的发展打下了坚实的基础。

2. "教育e积分"的延伸

用积分管理学生起到了很好的效果，这种模式能否用来管理教师呢？李维新尝试用积分规范教师的出勤情况：早上第一个到校者加20分，第二个到校者加19分，以此类推。结果第一天就有老师6点到校，李维新每天7点到校，以前是最早到校的，现在变成最晚的。后来，李维新根据教师们的建议，改为7点30分前到校加5分，7点40分前到校加2分，7点40分以后到的不加分。就这样，教师的出勤问题也顺利解决了。

李维新用加分法规范了教师们的出勤情况，并取得了立竿见影的效果。同时，他还从善如流听取了教师们的建议，规定了合理的上班时间。这种办法如能推广到更多学校使用的话，对加强学校管理、提升整个学校的教学氛围起到促进作用。

考试成绩一直是家长和社会关注的重点，也是学校的难点。实时积分管理后，学生的学习积极性调动起来了，教师的教学积极性也得到提高。

由于学校制定了科学、合理的期末考核制度和评优树先机制，充分调动了教师的积极性，使得学校在全市抽考中一跃升为全市第二名。

学生考试成绩的提升固然令人欣喜，但更重要的是，由此激发出了教师教学与学生学习的积极性。其实，不管是教师还是学生，都有着巨大的提升空间与发展潜能，可有的时候，这种潜能往往处于沉睡状态。好的管理方式和教学机制，就是将师生身上沉睡了的潜能激活。当师生的潜能喷薄而出的时候，不仅考试成绩，其他各个方面都可以"而今迈步从头越"，从而获得更好的发展。

家校矛盾一直是一个焦点问题，很多家长一有事就打热线投诉。为此，李维新发放了家校"连心卡"，家长每给学校提一个建议，就奖励孩子1~5分。从此，学校收到的不再是难办的"意见"，而是诚恳的"建议"。

只有学校与家庭心连心，家校才能少有矛盾，甚至没有矛盾。可是，这在逻辑上只是一种必要条件关系，即有之不必然，无之则必不然。这就像教师爱学生一样，如果爱之无方，爱往往会起到相反的效果。而为家长的建议给孩子加分，不但能让学校和家庭彼此之间更加理解，还能让彼此之间的关系变得更加和谐。

几年的时间，积分管理在学生管理、教师管理、家校关系等各个方面都取得了一定的成效。李维新就想，这么好的方法能不能推广到全区、全市乃至全国学校，让更多的师生受益？

李维新的这一想法让我想到了孔子的忠道精神："己欲立而立人，己欲达而达人。"而李维新恰恰具有这种精神。他不是将这一制胜之道据为己有，而是让它在更大的范围里开花结果。而他又是知行合一者，恰如王阳明所说："知者行之始，行者知之成。"李维新正是有了闪耀着智慧之光的"知"，才有了不断向前推展的"行"。

3."教育 e 积分"的特点

李维新认为，"教育 e 积分"有四个鲜明的特征。

一是教育性。

立德树人的重要性大家都明白，但在实际工作中，因为没有抓手，很难出实效，而积分给出了衡量的尺度，明明白白地记录着孩子良好的品行，用积分"信号"引导孩子向着健康的方向行走。

"赋分就是赋能"，包含对孩子的爱、接纳、肯定，给了孩子行为的边界和成长的方向。教师用积分教育孩子，往往能起到很好的效果，避免了教师无休止的无效唠叨。

立德树人的核心不在口号喊得多么响，而在实践中做得多么好。为此，不少人正在进行着探索，并收到了一定的效果；不过，效果不明显甚至没有效果者，也并非个例。"教育 e 积分"让立德树人落地生根，并在当下产生明显的效果，又向未来持续不断地延伸。这当是目前对学生实施德育的更为有效的方略之一。

二是开放性。

"教育 e 积分"管理作为一种评价方法，不同于传统的"百分制"量化考核，真正做到了"数量不封顶，事项无边界"，是一个完全开放的评价系统。

这符合学生的发展规律。学生是在学习的过程中不断进步和发展的，所以不能用某种"封顶"的评价标准，来阻止孩子走向更远的前方。高尔基说得好："一个人追求的目标越高，他的才力就发展得越快，对社会就越有益。""教育 e 积分"的开放性，不正是为孩子们的快速发展"推波助澜"吗？

三是激励性。

李维新经常说:"士为知己者死,生为夸己者学!"他在实施"教育e积分"的过程中,充分发现孩子身上的优点,并及时奖分,不断激励孩子找到自己的价值,找到自信,找到进步的勇气!

孩子每挣得一次积分后,会得到多次激励:得分时激励,填奖票时激励,家长录奖票时激励,晨会宣读奖票时激励,快乐会议抽奖时激励……每一次激励都是对孩子能力的强化。

"教育e积分"的精髓,就是变罚为奖,让管理者与被管理者都开心,使这项制度容易执行下去。

激励能增加学生的自信心,让他们产生"我能行"的信念,长期认为自己行的学生,不仅能取得良好的学习成绩,还能形成乐观豁达的心态。如果说外在激励会形成一种动力的话,那么内在激励所形成的动力往往更大。从形式上看,"教育e积分"是一种外激励;但是,久而久之,它就会在学生的心里衍变成一种内动力,以致对他们未来的成长和发展都产生积极的影响。

四是自主性。

李维新在给企业家讲课时常说:"你把权力赋予谁,谁就替你操心。"管理是相通的,教育也是如此。所以,李维新对班主任说:"有了'教育e积分',班级事务交给学生打理,你只负责站在那里旁观就行。"

正所谓旁观者"轻",这里所说的"轻"是指心情轻松,是教师看到学生自我管理能力不断提升后获得心灵上的愉悦。那么,学生会不会累呢?有时做事情时身体上会感到有点疲累,可他们的心情也是"轻"的,因为老师的放权让他们有了被信任的感觉,做起事情来也有了乐此不疲之感。

据李维新讲,临沂费县崇文学校金侠霖老师,使用"教育e积分"后,教会班干部用"教育e积分"管理班级,班主任成了"甩手掌柜",小干部的能力迅速提升,孩子们自得其乐。期末考试时,他们班级在全县调研考试中名列首位。金老师自己调侃说："这样管理班级，我可以当7个班的班主任！"

所以，要想当好"甩手掌柜"，首先就要相信学生，并让学生去管理。金老师说她可以当7个班的班主任，并非信口开河，而是有理有据。我看到四川省蒲江中学实验学校王祥高校长，就当过4个班的班主任，而且当得轻松自如。学生"当家做主"之后，不但能当好"家"，学习力也会大大提升。我在很多学校采访时发现，绝大多数班干部尽管多干了不少班级事务，可学习成绩却非常优秀。人的潜力是巨大的，而用"教育e积分"管理班级，则大大地激活了学生身上的内在潜能。

三、"开而弗达"的烟台市中英文学校

不少教师懂得《学记》上所说的"开而弗达"的教学之道的意义，可要想做到如王阳明所说的那样"知者行之始，行者知之成"，却并非一件简单的事情。山东省烟台市中英文学校在这方面进行了有效的探索，让"道而弗牵"变成了现实。他们在学生自主学习方面构建了一个系统的工程，而且取得了很好的效果。受篇幅限制，我们仅从其培养学生自主学习能力大环节中的预习一项粗作述说，希望读者能够从中发现自主学习的要义所在。

据高中部校长李德强讲，高一入学之后，学生的学习进度非常慢，仅自主预习习惯的培养就长达两个月之久。

高一开学，在烟台市中英文学校的课堂上，教师并不上新课，而是要求学生根据自己的情况做好学科预习计划。

在这两个月里，教师即使要上新课，也是先提问学生预习了什么内容，

遇到哪些问题。既然预习遇到了不会的问题，是不是教师就可以释疑解惑了呢？非也，教师还是不上新课，再拿出一节课来，让学生继续预习。

预习之后，教师再行提问。如果还是没有达到预期效果，教师仍然不讲新课，让学生继续预习。直到学生把教师要求学会的知识自己学会了，并把自己预习时解决不了的问题提出来了，方才讲授新课。

李德强校长笑着说，如此而为，从某种意义上来说是给学生一个下马威，让他们从进入这所学校之后，就要明白一个道理：自己不进行预习或预习不好，是绝对不会上新课的。

这一被称之为"断奶期"的两个月的预习训练，让学生不但学会了预习，习惯了预习，而且从预习中生成了自主学习的能力。以后但凡遇到不会的问题，学生不是先问教师，而是自己研究，即使遇到困难，也是知难而进，自行解决问题。久而久之，他们就拥有了一种积极的信念：任何未学的知识，通过自己的探究，几乎都是可以解决的。即使遇到困难，他们也迎难而上，决不退缩，十分享受破解问题的这个过程。

学生在自学中有所突破与重要发现的时候，往往希望将自己的研究成果公之于众。于是，大量的展示就成了课堂上的一道独特的风景。课堂上，经常有学生充满自信地走上讲台，在黑板上挥洒自如地展示自己的研究成果；也有的学生通过平板拍照后直接上传，让所有师生即时地看到自己的研究成果。一章的内容学完之后，学生则可以对其所学知识进行系统化的总结，可以在黑板上展示，也可以张贴于墙壁之上，加之教师即时的评比和科学的评价，从而让展示者增强了自信心，充满了自豪感，并激发了其他学生展示的欲望。于是，"你方唱罢我登场"的良性竞争也就拉开了帷幕，每个学生的自主学习能力自然也就在这种竞争中不断提升。

学校还对某些学习特别优秀的学生授予"首席学生"的称号，让他们以专家的身份开设讲座。讲座可以开在容纳30多人的小会议室里，也可以开在 100 多人的小礼堂里，甚至可以开在容纳 1000 多人的大礼堂里。讲座内容由学生自己定，可以讲学科知识、学习方法、家国情怀、理想抱负等。有的学生开设的讲座不但吸引了众多的学生，连教师也跻身其中，感受"弟子不必不如师，师不必贤于弟子"的奇观。

其实，每一个学生都有着巨大的学习潜能，尤其是当其具备了自主学习能力的时候，这种潜能更会喷薄而出，展示其"恰同学少年，风华正茂"的精神风采。

李德强

据海阳市教学研究室负责人讲，为了将以学习为中心的理念转化为具体的行为，市教学研究室还总结提炼了以学定教的教学设计、顺学而导的教学指导和以学论教的教学评价的这三大策略，是对教学设计、教学指导和教学评价都进行了相关的设计和处理的策略。这样，不但促使教师及时更新教学理念，也让他们相对容易地进入到操作系统之中。

据海阳市高中教研室负责人讲，在新课堂研究中，教研室还对课堂模式进行了提炼，形成了一个问题再现、自学释疑、交流展示、归纳拓展，反馈检测的五环节模式。教师根据这一模式和具体学情，在课堂教学中既有规可依，又大大提升了学生自主学习的能力。

海阳市教体局的有关领导认为，如果说这种自主能力的培养让学生的学习能力得到提高的话，那么，这种能力还会迁移与发展。只要学生拥有了自主学习能力，就能在学习中更具主动性，能不断获取新知识，促进自身发展。

四、"因材施教"的潍坊（上海）新纪元学校

伟大的教育家孔子有"弟子三千，贤者七十有二"，但他们并非一律以学见长，而是在不同的领域各有所长：德行高尚者有颜渊、闵子骞、冉伯牛、仲弓；善于雄辩者有宰予、子贡；精通政事者有冉有、季路；擅长文学者有子游、子夏。孔子所教的弟子中之所以出现人才济济的景象，正是由于"因材施教"的结果。在孔子看来，人各不同，培养的路径也不能趋同。诚如《中庸》所言："天命之谓性，率性之谓道，修道之谓教。"不同的人有不同的本性，在对其实施教育的时候，就要遵循本性，"修道"而教。这样才能让每个人发挥自己所长，让他们遵循自身成长规律自由发展。

可有的学校试图用模式化与格式化来实现"大一统"的教育，并让学生全部成为"全面发展的人"。这就抹杀了不同学生的个性，消减了各自的特长，甚至在某些方面有天赋和才华的学生在一流教育模式下而成为"差生"。

奥运会冠军全红婵在体校学习时文化课成绩不理想，在课堂上她基本上不怎么举手发言。刚进校的时候，全红婵连基本的乘法都不会计算。但是在跳水方面全红婵却是天才，她弹跳出色、柔韧性好、爆发力强，手型很适合压水花。班主任刘沛华老师认为，每个人身上的天赋不一样，并且肯定地说："分数不影响全红婵的绽放，孩子要把最美的东西展示出来。"这位班主任预言成真，全红婵在奥运会上一举成名，震惊了世界。在夺冠之后，她的父亲全文茂拒绝了房产、现金等物质捐赠，期望她能继续为国争光。如此一位普通而又高尚的父亲，何尝不早就在心里对女儿的未来发展寄予了美好的期待啊！

所以，教师和家长都不要用单一的学习成绩来衡定自己的孩子是不是能够成才，当孩子在某些方面表现出极大的兴趣或展露出极大的天赋时，就要给予充分的信任与支持。

周远生

周远生校长说得好："夜空中，那颗最亮的星星会不会是你？"这是潍坊（上海）新纪元学校对学生的鼓励。周远生校长基于对孔子"因材施教"和加德纳"多元智能理论"的深刻理解之上，形成了"只有差异，没有差生"的教育观。学校扎实开展"差异化教育"，对每个学生进行差异化诊断，根据诊断结果设定差异化培养目标，开设差异化课程，实施差异化课堂教学，进行分层走班学习，实行差异化评价，让每个孩子的个性、优势、智能得到充分发展。学校以"尊重差异、提供选择、开发潜能、多元发展"为教育理念，努力打造"教育目标个性化、教育过程精细化、教育主体专业化"的差异化教育品牌。

学校实施差异化教育的目的，就是还生命本性率真给孩子，让不同个性与特长的学生按自己的成长规律自由发展，得到极优化的教育。青少年时期是一个人最美好的年华，也是为未来打下基础的黄金时段。周远生校长说，学校不能斩断学生成长的翅膀，而应当想尽一切办法为其提供脱颖而出的种种契机与平台，让每个学生的潜能和特长得以发挥。毫无疑问，差异化教育是潍坊（上海）新纪元学校站起来的一个重要支点。

潍坊（上海）新纪元学校时刻坚信：生长在土里的根，永远不会倒下。

为保障足够的"底肥",学校根据差异化的培养目标开设了差异化课程。首先开全、开齐国家课程和地方课程,在此基础上打造自己的校本课程。校本课程主要包括:拓展课程、特色课程、多元课程、主题研究课程和实践活动课程。学校开设了STEAM课程,创建了国际创新教育中心、创新实验室、3D打印室、无人机实验室,让同学们站在一个更高层次的"瞭望台"上,把梦伸向未来,体验"天高任鸟飞,海阔凭鱼跃"的美妙,从而不断提升自己,为未来发展提供了无限潜能。

一个芽孢,酝酿一个春天。

学校发现高一学生刘哲宁对无人机很感兴趣,就专门为他提供了一个80平方米的工作室,并为他及时开发了无人机课程教材,还组建了导师团指导他学习。导师团中首席导师即是西门子公司高级工程师郑维明博士,他曾参与我国第一艘航空母舰辽宁号的设计,也参与了我国大飞机、上海高铁以及奔驰汽车发动机的研制工作,是行业内知名度很高的一位专家。

小小年纪,扬起人生的大帆。

刘哲宁同学在导师团的指导下,能力迅速提高,成绩很快就初见成效。在2016年4月举办的第31届山东省青少年科技创新大赛中,他自行研发的"基于超声波的多旋翼无人机自动避障系统",以创新性突出、科技含量高等特点赢得评委高度评价,获得一等奖。他自主设计的滚动滤波算法,使其成为全球首个将超声波模块实际应用于无人机自动避障的开发者。他研发的无人机可从4个方向自动避障,飞行速度可达16米每秒,固定翼续航时间可达5小时以上,多旋翼续航时间可达两小时。

可谁能想到,获得如此高成就的刘哲宁,在中考时成绩非常一般,离重点高中录取分数线还有一段不小的距离,甚至被视为差生。当他走进这个没有"差生"概念的潍坊(上海)新纪元学校的时候,顿时有了被尊重的感觉,他的自信心被唤醒,创造的激情勃然而发,在取得一系列科技创新成果的同时，"转换进制"让他拥有了冲向更高科技含量创造的信心。

对科技创新教育的重视，使更多热爱科创的学生像刘哲宁一样，有了发展自己的舞台。继刘哲宁获奖以后，初中学生李培川、刘铮、李书桓和高一学生张可翔分别在全国的航模大赛和车模大赛中获得一等奖。

飞翔，把人托向命运的高度。

300多万字的东方玄幻小说《泪殇》的作者王子豪，是在学校为他提供的"零创文化"办公室见到笔者的。作为一名理科生的王子豪，却酷爱看小说，尤其爱看科幻题材的小说，读得多了之后，他萌生了自己创作一部科幻小说的念头。在父母及老师的鼓励下，他写出了东方玄幻小说系列《泪殇》，并于2012年以网络编辑身份担任2012~2013年网络小说评选大会评委。2015年，王子豪成立了"莫铭创力文学工作室"，主要从事《阅读悦心》（校刊）、《零域》杂志的编写、书刊零售、广告设计等工作，吸引更多学生参与其中，以此激发他们对于文学的兴趣和对于杂志编辑、出版等相关行业的向往。王子豪自2016年3月发起创办的校园社团"零创文化"以来，现已有校内成员20余人、校外成员30余人，包括北京大学、同济大学等名牌大学的学生也加盟其中，创作活动开展得有声有色。

我很惊诧于王子豪眉宇间的英才之气，而且他对任何人都不卑不亢，言谈话语之间充满自信。他创作的作品不但有超越常人的想象力，语言还内蕴着丰富的哲理。他对笔者说："只要心不被淋湿，再大的风雨都不过是个玩笑而已。"潍坊（上海）新纪元学校不但没有把他的心淋湿，而且让灿烂的阳光照亮了他的整个心怀。

在如此灿烂的阳光照耀下，王子豪自然也就获得更大的生命能量。所以，《泪殇》横空出世，且由中信出版社出版。这对于很多人来说，绝对是一个可望而不可即的梦想，可对王子豪来说，这只是他实现的一个小目标，未来他还有更大的目标要实现。

如果说刘哲宁与王子豪同学在无人机研发和小说创作领域中异军突起、卓尔不群、演绎出智慧耀眼的光芒的话，那么，路融堃、李铭泽、赵文婧、苏程程、阚昕彤、刘继振、冯文慧、陈嘉琪、李晶晶、宋苂含等同学，则从其他层面各领风骚，完成了认识、战胜、丰富、超越自己的目标，闪烁出智慧的光芒。

这并不是说潍坊（上海）新纪元学校所收学生都是学科成绩很差的"怪才"，而是学校善于发现每个学生的特长及闪光点，并为他们提供走向更高境界的舞台。比如高一年级二班的刘芳鸣同学，在初中就曾多次在国家级别英语比赛中获奖。当知道潍坊（上海）新纪元学校外语有一支由英语特级教师、留学英国的海归硕士、5位资深外教以及众多高水平的外语教师组成的超强师资团队，在外语教学方面实现与国际接轨时，她没有报考市重点学校，而是毫不犹豫地来到了这里。学校帮助她组建了西方经典诵读社团，并提供了大量英文原版书籍。同时，学校安排英语特级教师赵晓华、美国外教南森、青年优秀教师臧邦民做她的导师。当哈佛大学教授侯曼哈罗尼和路易斯菲尔应邀访问学校时，学校特意安排她担任翻译，其出色的表现赢得了哈佛教授的称赞。

学校尽可能也为学生的个性化发展提供强有力的支撑，比如12岁就跳级到了初三、数学和物理已学到了高中课程的李昌翰同学，以及已经获得中国科技大学报名资格的高二学生田森、张凯旋、苏程程、赵文婧、曹艺凡等资优学生，学校都为他们提供了优秀的学科导师以及生活方面的服务。

其实，每个学生都有着巨大的发展潜能，可这种潜能如果不被开发，就有可能沉寂下去，乃至消失。前面笔者写到的几位学生，曾一度在初中阶段被学业负担压得喘不过气来，考试成绩也是每况愈下；有的学生还被老师与同学视为"差生"；有的学生品尝过"学渣"的滋味，差点被击垮。如果他们到了高中还是被如此对待，那么不仅无法提高学习的积极性，还会让身体内的潜能无法被唤醒。只有当学校理解和尊重学生，并对其因材施教时，才能激发他们的学习兴趣和身体内的潜能，为他们打开通往更广阔世界的大门。

潍坊（上海）新纪元学校认为，人各有异，有的学生学科成绩未必优秀，但他有可能在某个方面有着非凡的天赋。如果学校在这方面为他们提供施展才华的舞台，其天赋就有可能得到淋漓尽致的发挥，并取得令人惊叹的成就。

周远生校长认为，青少年有无数的美丽梦想，如果这些梦想被灿烂的思想之光照耀，并插上腾飞的翅膀，那么其生命将会演绎出一个又一个的精彩，在其梦想成真的同时，还能感受到生命的奇迹与创造的妙道，以至成为国家的栋梁之材。从这个意义上说，潍坊（上海）新纪元学校的做法是双向的，他们在为每个学生走向成功搭建各种各样舞台的同时，还为中华民族的振兴尽到应有之力。

五、"一课有一得，得得相联系"的陆继椿老师

早在20世纪80年代，华东师范大学第一附属中学年仅40多岁的陆继椿老师，便以他大胆的教学改革与"得得派"的大名享誉中国教育界。

为什么有了"得得派"的称号呢？对此，陆继棒进行了概括总结。他说，他将中国社会的发展、现代生活的变化、语言应用的需要综合成语文能力，用"得"的教学思想作指导，用"一课有一得，得得相联系"解剖听说读写基础能力，并且以"写"的能力为线索，编排出一个比较清晰的、循序渐进的教学序列。这种解剖是一个非常复杂的过程。听、说、读、写四种能力的核心是思维，听和读是信息的输入，说和写是信息的输出，而在信息的

输入或输出中都需要准确迅速地检索和组合，这就产生了思维活动。据此可知，听和读是说和写的基础，说和写是听和读的能动反映；这种反映同时也反作用于基础，也就是使听和读理解得更深刻、更有目的性了。生活中读得多的人不一定会写，而会写的人一定能更好地读，听和说也是如此。因而，写是最严密的思维活动，是提高语文能力的核心。以写的能力为线索编排出语文教学的"序"是有科学性的。解剖"写"的能力可分五类：记叙能力、文言文阅读能力、说明能力、论述能力、文学作品阅读能力。再结合学生的年龄、心理特点和教学课时的安排，每类能力可以再分解成一个个具体的训练项目——训练点。"训练点"是陆继椿创造的一个具有科学统摄力的名词，于是，序列化的108个训练点组成的"分类集中分阶段进行语言训练"组成了初中3年学生语文学习的总"得"。每个训练点的教学，是使学生"一点有一得"；每个课时的教学，是使学生"一课有一得"；每道习题的完成，是使学生"一题有一得"。因此，大"得"与小"得"、分"得"与总"得"，形成"得得相联系"的完整的有特色的教学，每个教学周完成一个训练点的教学。这种教学改变了教师只管讲不管用的低效乏味的状态，学生看得到自己认真学的成果。陆继椿开创了语文教学新风：教师为学生服务，教材为教学服务，实践为能力服务。教学不仅要让学生学懂，而且要让学生学会，以适应现代社会语言应用的需要。陆继椿就将整个教学过程改为教一点，学一点，懂一点，会一点，因为只有懂了、会了，才能算是"得"了。

为了让读者较为形象地了解"得得派"的意蕴，笔者将从陆继椿教授《多收了三五斗》一课过程中，揭开其神秘的面纱。

1980年春，上海市虹口区成立中学语文教学研究会，需要陆继椿上一次体现改革精神的课，以引起大家的思考和议论，打破全区语文教学上的沉闷气氛。

这是陆继椿在"分类集中分阶段进行语言训练"的教学改革之后第一次

在全区上公开课，但他同时预感到将会发生一场有关教育理念的冲突。

还在前几天，便有一些教师来提醒他："这次公开课要下大功夫备课，做好充分的准备！"

"我绝不比平时备课多花1分钟。"陆继椿说得坦率而平静。

"为什么？"教师们都很惊诧。

"公开课是需要大家共同研究探讨的课，应该是家常便饭、日常营养；如果把公开课当成赴筵席，搞摆设，图热闹，那就不真实，失去了研究的价值，这样的公开课我是不会上的！"

又有教师跟他说："陆老师，公开课首先要符合听课教师的口味，要从适应他们的角度去备课。他们听了说不好，你的课就砸锅了！"

"可我教的是我的学生，讲究的是语言训练的实效，并不是给听课的教师做表演啊！"陆继椿大惑不解。

陆继椿在心里非常感激教师们对他的关心，但他却不想改变自己要走的路。

陆继椿在上《多收了三五斗》这节公开课时，用的教学方法是他大胆独创并坚持实践的"得得法"。

根据陆继椿的教学安排，通过这篇课文的教学，要完成"一个场面中的群像描写"的训练。这是在完成了单个人物的描写训练之后的一个新的训练点。这篇课文陆继椿一共分3个课时进

陆继椿

行教授。第一课时是指导学生预习全篇课文，让学生对范例的具体语言环境先有一个综合的印象，并为深入钻研范例做好准备，这一环节已在公开课前完成。

第二、三课时，也就是公开课的第一、二节，教学便进行到钻研范例的单项训练阶段，要求学生在综合理解的基础上解剖范例，把指导阅读与指导写作统一起来，为写作综合训练奠定基础。但是，这一教学过程脱离了传统教学的轨道与人们固有的思维惯性，因此也就掀起了一场不大不小的风波。

第一节公开课的教学取例是群像外貌描写，陆继椿紧紧围绕着训练点的要求同学生一道分析研究。

刚刚下课，陆继椿就听到有教师议论："也不过教了几顶旧毡帽而已。"陆继椿只是和善地笑笑，又继续上第二节公开课。

第二节公开课教学取例是对话层次，旨在通过这一训练让学生把握多层次对话的具体写法。

但又有教师窃窃私语："让学生理解叶圣陶的著名小说，除了旧毡帽外，就剩了几句对话，支离破碎，不成系统。"

"他大概没认真备课吧，要么就是没吃透教材！"

这些议论陆继椿早在意料之中，他心里极为平静。

第二节公开课下课后，陆继椿正要走出课堂时，有位年轻的教师拦住了他，问道："陆老师，您是否意识到这样讲课是肢解了课文内容？"

"没有。"陆继椿坚定地回答。

顷刻间，许多听课的教师都围了过来。

"您能讲出道理来吗？"那位年轻的教师继续问道。

"能！"陆继椿十分自信地说，"大家认为这种教法肢解了课文内容，主要是我没有将自己的改革尝试交代清楚。第一，我的教学不求面面俱到，而求目的单一，课文只作例子，弱水三千只取一瓢。这样，主攻方向明确，才能使学生集中思维的优势，以强化印象。第二，我教的学生，对单一的对话与单人的肖像描写已经基本把握，而对多层次的对话与群像描写难于动笔，我的主攻方向就放在他们为'难'的'点'上。这样，学生学自己之未知，做到'一课有一得'，就对学习产生了兴趣与新鲜感，具有主动探求知识的企望……"

"还有吗？"那位年轻的教师也对他的教学方法产生了兴趣。

"有！"陆继椿胸有成竹地说，"第三，我的系统性不重在一篇课文上，而在环环相扣、密切相关的108个训练点上。我的取例之所以有价值，是因为它在整个训练点上有价值，这也是我所提出并实践着的'得得相联系'说。"

"真是名副其实的'得得派'！"有位教师赞叹道。

"还有，"陆继椿又说，"即便从一课出发，也并非教师不讲的东西学生就不理解，他们完全有能力自己去概括与总结；那种唯恐有漏地将课文内容全部讲给学生的方法，不仅不会给学生留下深刻的印象，还会困住他们自我探索的步伐！"

"不过，"又有教师提出了质疑，"语文水平的提高，靠的是多读多练，潜移默化；你主张一课一得，立竿见影，是不是有些心急了？"

"我是有些心急，总想尽快将学生的知识转化为能力。"陆继椿坦率而自然，"我之所以提出'一课一得'的主张，是因为考虑到每学一课之后，学生的思维正处在兴奋点上，这是形成转化的最佳时期。如果时间一过，兴奋减弱或消失，便会失却这个良机。课课有所得，让学生看到影子，也就是见到劳动的效果，他们学习的主动性与积极性便会高涨起来。所谓潜移默化，实质上是立竿见影的积累。我把整个训练点分为记叙能力、文言文阅读能力、说明能力、论述能力与文学作品赏析能力五大类，每种能力训练再分成若干训练阶段，每个训练阶段又分成若干训练单元，最后落实到训练的基本项目——训练点上。初中"分类集中分阶段进行语言训练"教学体系中，共有 108 个由浅入深、由简单到复杂、由形象到抽象逐步循环的训练点。这108 个训练点都可以起到立竿见影的效果。如此久而久之，从量变到质变，也就达到了你所说的潜移默化的作用了。同时，这也就有了一个'一课有一得，得得相联系'的教学的'序'了。"

至于现场的听课教师是否理解陆继椿的教学理念，他已经顾不得了，因为他要去完成教学进程的第三个阶段。第三个阶段是指导学生读写的综合训练，这是学生把学习所得转化为实际应用的一环，也是训练效果的反映与检查的阶段。

至于训练效果若何，有人在悄悄地检测。当时，上海教育学院中文系的教师正带着学生在华东师范大学第一附属中学实习，他们分头到陆继椿教的班级去深入地了解调查，惊讶地发现，陆继椿没有讲到的内容，学生自己学懂了，他们已经具备了综合理解的能力。翻开学生写的作文，生动的群像描写、条理清楚的多层次对话，组成一篇篇妙趣横生而又井然有序的文章。潘琴同学的习作《教师办公室里的议论》后来还发表在《作文通讯》上呢！实习的师生给陆继椿的这一课给予充分的肯定。此后，《山西教育》登载了他整理的《多收了三五斗》的教案，《语文战线》发表了他写的《我教〈多收了三五斗〉》的文章。这让陆继椿在全国语文教学界引起了强烈反响。

其实，陆继棒是在理论与实践的双重轨道上并驾齐驱的。他广泛地研究了我国的传统教学方法，参考了国外的有关教学情况，根据我国四化发展的语言需要和学生的年龄特点，发扬叶圣陶先生的教育思想，大胆地走自己的路，探索语文教学科学化的途径。他撰写锐意改革的论文，编写自成体系的《分类集中分阶段进行语言训练》的初中教材，而且以自己明显的实验效果和新的教学观点，汇集成一场声势浩大的教学改革。

六、构建"化错"教育体系的华应龙老师

学生在课堂上回答问题出错或做题出错时,有些教师往往对其采取批评指责的态度,甚至怒不可遏地对学生咆哮一通。这不但会让学生的自尊心受到严重伤害,还有可能让学生原本开放的思维走向封闭,影响其以后的学习质量与效率。

北京第二实验小学副校长、全国著名特级教师华应龙老师上课时,即使学生回答问题出错,他依然不愠不躁,给予学生鼓励,并引导他们继续往下回答。因为在他看来,学生出错是天经地义之事,关键是如何认识与分析这些错误,从而将这些错误当成教学资源,进而让学生避开"陷阱",不走类似的"弯路"。

于是,教育殿堂里就有了属于华应龙老师的独门功夫——"化错"教育。

"化错"的前身是"融错"。融错之妙,重在一个"融"字。因为"融"不是对错误的认可与放纵,而是有效地利用错误,发现学生学习的误区,甚至是教师教学中的问题,然后化错误为正确,变难学为易学,让学生有一种"蓦然回首,那人却在灯火阑珊处"的顿悟与妙感。

1. 变"求诸人"为"求诸己"

中国第一篇教育学论著《学记》有言:"善学者,师逸而功倍,又从而庸之;不善学者,师勤而功半,又从而怨之。"由此可见,善学与不善学,其状态与效果是迥然不同的。

在华应龙老师的课堂上,学生自始至终都是积极学习与善于学习的,课

堂成为师生破解困难、生成智慧的场域。那么，华应龙老师的学生为什么会有如此好的学习状态？因为他的善教教会学生善学，让学生掌握了学习方法和学习规律。所以，他教得轻松，学生也学得快乐，课堂上精彩纷呈、亮点频闪。相反，有些教师常常抱怨自己的学生笨，不会学习。可这些教师从来没有深入思考，是不是由于自己教育理念不对，或教学水平不高，没有调动学生学习的积极性，而造成这样的结果呢？再往深处想一想，如果学生长期得不到教师的肯定和赞扬，非但不能取得良好的学习成绩，甚至连心理都会处于压抑状态之中。

华应龙

如果在学生犯错的时候不是一味地"求诸人"，而是不断地"求诸己"，就有可能把学生犯错的原因归结到自己身上。华应龙老师不但积极地探索学生出现这些错误的内在原因，而且还积极地寻找解决问题的方法，从而让教学进入一个良性的运转之中。于是，教师善教，学生善学，变"闻道"为"行道"，学生热爱学习也就有了水到渠成之势。

2. 培育学生"不贰过"的品质

对于数学来说，正确答案也许是唯一的，但是错误的原因却是多种多样的。例如，学生出现计算错误，教师往往认为是其粗心所致，而华应龙老师会对学生所犯的错误进行深入的了解，当了解到错误的不同原因之后，再有的放矢地对学生进行讲解，就会让那些犯了错的学生有一种茅塞顿开的感觉，以后再遇到类似问题的时候，就不会走"老路"。孔子为什么特别看重颜回，其中一个重要的原因就是他"不贰过",即不犯同样的错误。学生在数学学习中出些错误是正常的,可是如果连续犯同样的错误,就不太正常了。华应龙老师在数学教学中,发现学生犯错之后,不是盲目地指责学生的错误,而是研究其犯错的原因。久而久之,就会引导学生形成一种探究原因的兴趣。正是在这种兴味盎然的探究中,学生品尝到了在数学王国里遨游的无限妙趣,由此提升了学生学习数学的积极性,激发了学生学习数学的潜能。

在教授"分数初步认识"一课时,华应龙老师以 3/4 这个分数导入,让孩子用手中的纸张来表达 3/4 这个概念。他发现,有一个学生在纸上画了五条竖线,并用大括号括起来四条。显然,这与他所说的 3/4 这个概念不是一回事。可是,他却由此产生了另外的想法:这不是表示 4/5 吗?这不也是在认识分数吗?而且还产生了举一反三的效果。

华应龙老师兴奋不已,他用好奇且带有"求教"式的口气问这个学生为什么这么画。华应龙老师的追问也引起了其他同学的兴趣。全班学生纷纷投来目光,眼神里尽是解疑求知的渴望。

这个学生用手自信地指着第一根线和第二根线之间空白的部分,告诉华应龙老师说这就代表一份。

华应龙老师说,如果不问青红皂白地批评学生,说学生做错了,就扼杀了学生学习的积极性和主动性。当课堂上学生的答案与教师的答案不一致时,这个时候教师只要稍微留心,就会听到学生大胆向前探索的"足音"。不管其答案是正确还是错误,教师都应当给予鼓励,增加学生的信心,让他们在学习过程中继续保持好奇心和探索欲。这样不仅能提高学生学习的主动性,还能让学生进入高品质学习的境界。

第五讲

激活潜能，创造奇迹

任何学生，包括学困生和所谓的"问题学生"，都有着很大的发展潜能。恰如孟子所言："人皆可为尧舜。"这里孟子所说的"人"，当然也包括学困生和所谓的"问题学生"。只是这类学生的发展潜能没有被激发出来，甚至被严重压抑了，从而使他们的考试成绩等每况愈下。而这个时候，有的学校领导和教师不是给予这类学生积极的引导，反而给予的是消极的心理暗示。在言行之中，总是将这类学生归为异类，认为他们已经"不可救药"。其结果是，这类学生也认为自己没有了任何发展前途，以致一蹶不振，没有了信心。

然而，如果给这类学生注入积极的能量，让其拥有"我有潜力""我能行"的信念，他们天天接受这样的心理暗示，也就渐渐地认为自己真的有发展潜能。当这些学生体内沉睡了的潜能慢慢觉醒后，他们的考试成绩等方面也会持续攀升。于是，他们的生命会焕发出盎然的生机，他们不但会爱上学习，而且整个精神面貌都会变得焕然一新。

激情会让师生感到工作与学习就是一种内在力量的驱使，让他们有用之不尽的能量。激情还能激活大脑，让思维处于高速运转甚至到达巅峰的状态，从而让灵感频频闪现。同时，激情还会让师生燃烧起积极向上之火，进而形成一个良好的学习氛围。教师的倦怠情绪、学生的厌学情绪，都会在这种氛围中杳无踪迹。于是，教学与学习就变成了一种内在情感的需求，而且是一种极其强烈的情感需求。

一、王金战通过"走火入魔"式学习考上大学

在全国高中学校，甚至更大范围内，提起王金战，几乎无人不知，无人不晓，他所带的班级曾多次在高考中屡屡创造奇迹。尤其是2003年他所带的班级，全班55名学生中有37人考入清华、北大，10人进入剑桥大学、牛津大学、耶鲁大学等名校深造之后，他的大名更是不胫而走，甚至有人给他冠以"高考战神"的称号。

那么，王金战究竟"神"在何处？他发现，任何学生只要主动、积极地学习，几乎都可以考上大学。他自己就是一个典型的例子。

时间追溯到40多年前的1977年，恢复高考的消息如一声春雷，在神州大地上引起了巨大的轰动。可以参加高考的在校高一、高二学子以及"老三届"的高中毕业生中的很多人都跃跃欲试，准备迎接这一久违的盛事。

当时正在临沂一个农村中学上高一的王金战，也有了参加高考的冲动。可是，当时只有将近千分之二的学生能够被大学录取。因此，学校领导与班主任只动员成绩优秀者冲刺高考。王金战所在班级的班主任只动员了班中平时成绩最优秀的几位，希望他们参加高考。

"蠢蠢欲动"的王金战见状忐忑不安地去找班主任，说自己也想参加高考。

王金战

班主任先是吃了一惊，随后又对他摇了摇头，他根本不相信王金战可以考上大学。因为当时16岁的王金战，不仅不好好学习，还经常调皮捣蛋，把整个班级搞得"乌烟瘴气"。在全班53名学生中，他每次考试成绩都稳居40名之后。班主任不看好王金战，也就在情理之中了。

王金战认为，就凭自己这么差的学习成绩，即使比别人努力百倍，也很难考上大学。可是，为了自己的大学梦，王金战别无选择，只能背水一战，拼命开始学习。

不学不知道，一学吓一跳。当年高中分为两个学制，王金战休说对高二的内容一无所知，即使对高一的知识也是知之甚少。

有一次，他做一道因式分解的题目，虽然似曾相识，却全然不知如何下手。他心想，这是不是尚未学过的高二数学课本上的内容？他把高二数学课本借来一看，上面根本没有因式分解的知识。他惴惴不安地去请教数学老师："这道题在高中哪本课本上呢？我怎么找不到呢？"数学老师听后哑然失笑："这在初一数学课本上啊！"

王金战大吃一惊，但他突然有了新的领悟："原来初一数学课本上的内容也在高考之列啊！"

于是，他周末回家时，把尘封多年的初中教材全部找了出来，从头开始学起来。这一学让他兴奋不已，此前很多茫然无知的内容，却在已经学过的初中课本上找到了。

于是，他灵机一动，便把从初一到高二必考的课本按不同学科分别用铁丝穿成一摞，然后按照由易到难的顺序慢慢地学习起来。再听老师讲课遇到听不懂的问题时，便到那一摞教材中寻根求源。

但是，数年来一直对学习漫不经心的王金战，不可能在短时间内学好所有的知识。可是，他并不灰心，而是斗志昂扬地步入到了忘我的学习境界中。

当时学校的条件很差，学生们住的宿舍全是破旧不堪的平房，地上用石头垒成一个方框，在里面填上沙子，沙子上面铺草，这便成了学生的床铺。一旦遇到火星，遍地都是的干草就会迅速燃烧起来，学生们就会有生命危险。所以，晚自习结束后，学校严令禁止在宿舍里点灯。王金战试图在宿舍里找个有光亮的地方学习，简直比登天还难！

如果不用更多的时间来恶补未学的知识，休说考上大学，即使想听懂老师讲课都几无可能。晚上9点回到宿舍，他辗转反侧，很难入睡，反复在想，用什么办法能够让自己在同学们入睡之后继续学习呢？

一个绝妙的方法突然闪现在他的脑海里，他迅速从床上爬起来，悄悄走出宿舍，走到没有玻璃的教室窗框下面，然后轻轻一跃，跳进了教室，点亮煤油灯后，如饥似渴地学习起来。

此后，他每天都是在晚自习后返回宿舍，再悄悄越窗返回教室拼命地学习。

正值乍暖还寒的季节，只穿着单衣的王金战，尽管常常冻得浑身发僵，可一投入学习之中，便全然忘却了寒冷，因为心是热的，高考在向他招手。他只有拼命努力考上大学，别无其他道路可走。所以，他每天一直学到深夜，依然兴致不减。

也许现在的同学会问，王金战为何不多穿一些衣服，却挨此受冻之苦？

在那个年代，农村学生之苦是今天的学生无法想象的。王金战只有两件上衣和一条裤子。

尽管如此，王金战并没有感到苦不堪言，他反而常想起孟子的一段名言："天将降大任于是人也，必先苦其心志，劳其筋骨，饿其体肤，空乏其身，行拂乱其所为，所以动心忍性，曾益其所不能。"他用这句话激励自己，每当学习遇到困难时，一想到这句话，身上就有了无穷的力量。

就在王金战独自一人夜间在教室里享受学习之乐的时候，却被在校园里巡视的校长无意间发现了。校长心想，究竟是哪个胆大包天的孩子，还在教室里点着灯火？所以，还未走到教室，校长就大声叫喊起来。

在万籁俱寂的深夜，校长的喊叫声格外响亮，以致让全身心投入学习状态中的王金战吓了一跳。于是，身手矫健的他立马破窗而出，悄悄逃回宿舍，躺到床上睡了起来。

经过这次事件，按说他不会再"重蹈覆辙"了，可对学习已经"鬼迷心窍"的王金战，怎么也无法承受晚自习后不能继续学习的煎熬。因此，第二天晚上他又悄然破窗而入，在教室里学习起来。深谙谋略的校长这次并没有大声叫喊，而是在王金战没有察觉的时候来了个突然袭击。结果，王金战被狠狠地训斥了一番，然后垂头丧气地回到宿舍。

按照常理，第三天晚上王金战绝对不会再到教室学习了。可是，他怎么也按捺不住学习的欲望，再一次越窗而入，又一次成了校长的"俘虏"。第二天早操期间，校长召开全校师生大会，批评王金战接二连三地违反校纪校规的行为。

王金战本应该"痛改前非"，不应该在晚自习后继续学习了。可是，他心里那股学习的欲望之火已经熊熊燃烧起来，怎么也压不下去。他苦思冥想，希望能另寻一个地方，以便晚自习后继续学习。就在他认为已经走投无路的时候，他突然想起学校里的那个菜窖。往日，学校食堂会把秋天收获的一时吃不完的白菜，放在菜窖保存起来，这样做既能保暖又能保鲜。春节过后，白菜已经吃完了，菜窖里已是空空如也，这不是天赐之地吗？于是，在白天别人不注意的时候，他抱起一块大石头放到菜窖里，作为学习时的座椅。他又在一面土墙上刨出一个大洞，他尽量把这个洞挖得深一些，平一些，这样既可以在里面放煤油灯，也可以将其作为学习的桌子。

此后，每逢同学们就寝之后，他便悄悄起身，一头钻到菜窖里。在这里学习既暖和又安静，还不用担心被校长发现而挨批评。想至此处，他不由得大笑起来，而且随即赋诗曰："人生得意须尽学，莫使青春空对月。"

当年 4 月底的期中考试成绩揭晓后，王金战竟然一跃成为全班第一名。班主任对此感到不可思议，认为他是因为抄袭同学的试卷才考了如此高的分数。为此，他到同学中调查了解情况。

了解到王金战夜间在菜窖里学习的情况后，他认为这简直是一件不可能的事情。不过上课前，他还是走进那个菜窖里，发现王金战学习时坐的石头已经被磨得光滑，墙洞上放煤油灯的上方已被煤油灯熏得黑乎乎的，这才恍然大悟，以致感动得热泪盈眶。

当时，王金战的班主任是一位语文老师，那天的语文课上他感慨万千地对全班同学说："我要郑重其事地向王金战同学道歉。两个月之前，在他向我提出参加高考的要求时，我认为那绝对是痴心妄想，并对他狠狠地打击了一番。但是，王金战不但没有由此消沉下去，反而知耻而后勇，他为学习付出的努力让我十分感动，我为有这么优秀的学生而感到自豪！"然后，他将自己了解到的王金战深夜学习的情况，向全班同学讲述起来。他越说越激动，竟然在全班同学面前哭了起来。不少同学也被感动得泪流满面。

从那之后，王金战不但可以名正言顺地到菜窖里去学习了，而且还成了班主任心目中的好学生、同学们心目中的好榜样。

当天晚上，班主任就写了一篇《向王金战学习》的文章。第二天，文章被刊登在学校唯一的一块黑板报上。但凡由此经过的老师和学生，几乎都会驻足阅读，并对王金战发出由衷的赞叹。

愈战愈勇的王金战，一直坚持不懈地学习至高考之日。当年高考成绩揭晓后，王金战成了全班唯一一个考上大学的人。

二、夏杨在高效率工作与学习中走向卓越

夏 杨

当年 22 岁的夏杨辞去香港年薪百万的工作进入剑桥大学世界顶尖级实验室进行学习与研究，并取得了一个又一个令人惊叹的成就。他的高效率学习方法也值得我们学习和借鉴。

1. 时间就是生命

人们常说"时间就是生命"，这句话在夏杨身上得到了淋漓尽致的呈现。高效率地学习与工作成了他一贯的风格。

（1）谈话不是闲聊，而应具有生命意义

据长期跟踪采访夏杨和他母亲杨文的麓雪讲，有一年夏杨暑期回国 20 多天的时间里，他几乎一天也没有空闲过。他没有时间与朋友闲聊，但是，对于他认为有意义的事情，他却一点儿也不吝惜时间。

去英国的前一天，麓雪想找夏杨谈一谈。夏杨告诉他，他们只有一个小时的交谈时间。但就是在这一个小时的时间里，据麓雪说，信息很是密集，甚至一些警策之语也是俯拾即是。

谈话结束后，夏杨又顺道看望了一位他的初中老师。他说，时间是恒定的，必须进行有效的安排，从而使时间具有生命的价值。

麓雪暑假期间还请夏杨帮了一次忙。原因是有一个 15 岁的男孩，对自

己未来的人生方向产生了很多困惑，甚至不知道活着的意义何在，麓雪希望夏杨能开导开导他。夏杨欣然应允。当天晚上，夏杨和那个男孩探讨了许多问题，从晚上9点一直谈到凌晨两点多。最后，他用孔子的话启发这个男孩："学而不思则罔，思而不学则殆。"这个男孩经由他的指点后，终于悟出了学习的意义及未来的发展方向。夏杨说，这段时间没有虚度，因为它产生了价值。

（2）高效是对时间的尊重，也是体现自身价值的关键

夏杨虽然是一个性子急的孩子，但几乎能把所有的事处理得有条不紊。笔者与他交谈的时候，他拿了几张白纸和一支笔，一边交谈，一边随手写着什么。他的字写得并不漂亮，甚至也不规范，而且这里写几个字，那里画几笔。这是他在回答笔者提问的同时，一些思维火花闪现之后的即时记录。然后，他会看几眼记录，再滔滔不绝地回答笔者的问题。据他的父亲说，夏杨每次的讲座都好评如潮，美中不足就是语速太快。可夏杨认为，在当今社会中，一分一秒都非常珍贵，提高语速可以向人们传递更多的信息，也可以节约自己更多的时间。

据杨文讲，夏杨的雷厉风行令她望洋兴叹。出差之前，只用5分钟的时间，他就可以将所有需要的东西收拾齐整。联系什么事，很快就可以敲定。他从剑桥大学回来之后，决定与同学们外出旅游。他借助电话与网络进行联系，不到一小时，便确定下一家旅行社。他的同学都说，那是服务质量最好、价格又相对低廉的一次旅游。有一年春节回国时，夏杨负责欧美同学会的联络工作。杨文说，他的思路非常清晰，每一个细节都安排得有条不紊，可能两三个人用他两三倍的时间也不一定将这项工作安排得如此完美与周全。

在香港的银行实习时，一个晚上的时间，他可以整理一大本子材料，这让他的同行们感到不可思议。他认为，从某种意义上说，高效是对时间的尊重，也是生命个体自身价值的体现。

2. 活动成就人才

夏杨从剑桥大学毕业获得硕士学位后，又一举考上剑桥大学顶尖级生物实验室的博士研究生。他认为，自己的优势在于工作经历更丰富些，这些经历使他能够迅速地适应环境，并在学习上有所成就。

（1）社团成为他成就自我的一个平台

在剑桥大学本科学习期间，夏杨参加了许多社团活动，并在其中一些社团中担任了重要职务——剑桥大学生物社团主席、剑桥大学科学社团人事部部长、剑桥大学三一学院科学社团执行委员、中国学生学者联谊会剑桥分会外联代表、国际经济学商学学生联合会成员、剑桥大学暨全英科学节学生演示小组主要成员、剑桥大学三一学院划船竞赛俱乐部成员等。

夏杨的过人之处在于不是将社团作为一个消遣的地方，而是把社团作为一个成就自己一番事业的舞台，且在常人没有涉足的领域里取得了成功。

他以剑桥大学生物社团主席的名义，联系、邀请了包括十多位诺贝尔奖获得者、英国皇家科学院院长和英国政府科技顾问在内的顶级科学家，在两年内成功举办了40余次生命科学讲座。他幽默地对笔者说，这些成功得益于优秀的平台和强烈的事业心，通过筹划、组织这些活动也让他自己的能力得到迅速提升。而令夏杨特别得意的是，在学习之余，他通过自己的口头申请和面谈，成为英国医学研究委员会顾问、1997年诺贝尔化学奖得主约翰·沃克教授的实验室助理、剑桥大学生命科学院院长兼生物化学系主任汤姆·布伦德尔教授的实验室助理等。

更为重要的是，他在与这些学者、大师的接触中，学到了在任何书本中都没有学到的东西。这些大师的谦虚、认真与执着，已经一点一点地融入到了他的意识里，进而外化出来，让他在工作和学习上有了突出的表现。

夏杨以中华全国学生联合会外联代表的身份，负责接待来自中国的很多官方领导，并有幸和各个领域的成功人士进行过交流。

同时，他还创立了一个剑桥大学中国医学社团，担任首任主席。中医虽然是他的爱好，但是成立这样一个社团却更源于一种历史责任感。在英国，他发现人们对中国传统医学要么感到神秘莫测、将信将疑，要么根本就不尊重、不理解。可他认为，中国传统医学博大精深，是中国传统文化的一块瑰宝。如果借助社团活动让中医文化走进英国人的精神生活，便是为中国传统文化的推广做出了一份微薄的贡献。

（2）出演话剧与接受采访

夏杨在剑桥大学本科学习期间，主修生物科学，可他对很多领域的知识也多有接触。他说，这种看起来有点不务正业的活动，却开阔了他的视野，启迪了他的心灵。

在剑桥大学首届话剧演出中，夏杨便出演了《雷雨》中的男主角周萍。其实，此前他从来没有演过戏，对话剧也知之甚少。他认为，对于一个年轻人来说，多一种经历便是多一笔精神财富，更何况《雷雨》是中国现代文学史上的一部具有划时代意义的名著。为了演出成功，他认真地研读了《雷雨》原著，特别是对周萍这一人物性格进行了多视角的分析与研究。他说，对于一个理科学生来说，这是一种全新的感受，是一次特殊的文化之旅。

正是参与了很多社团活动，他有机会见到了许多名人名家和各行各业的佼佼者，有的还与他成为好朋友。特别令他自豪的是，他收到了30余位诺贝尔奖获得者的亲笔信。发现DNA双螺旋结构的弗朗西斯·克里克在给他回信后不久，便溘然长逝。夏杨说，这封回信许是一位伟人的绝唱，更将成为自己一生无比珍藏的精神瑰宝。

三、管建刚老师写作路上矢志不移，摘取硕果

写作，对于很多学生甚至某些教师来说，都不是一件轻松的事情。不愿写作，写不好文章，成了一个较为普遍的现象。可管建刚老师却对写作保持着持久的兴趣，长年有佳作不断问世。

成功的背后是持之以恒的坚持和努力。初为人师的管建刚，不但称不上优秀，甚至连"合格"都要打上个问号。他既不喜欢当语文老师，也不会写文章。

就是这样一个从零开始艰难腾飞的人，却能乐在其中且屡创奇迹，奥妙何在？

管建刚

1. 初为人师时的彷徨与焦灼

1991年暑假，管建刚从吴江师范大学毕业。他还未走上讲台，就得了一场大病，卧床治病将近一年之久。直到1992年5月，他才勉强到一所农村小学教学。

初当语文教师的他，完全没有教学经验，不知道语文该怎样教，至于如何写作，就更不知道了。在初当教师的那几年时间里，与其说他在教学，不如说他一直在养病。

两三年后，他的身体虽说好了，可家里又出事了。他父亲与人合伙办的

工厂亏损严重，合伙人一走了之，残局与债务全由他父亲一人承担。

看着六神无主、痛苦不已的父母，管建刚没法犹豫，只好把还债的重任扛在自己的肩上。

三年之后，他通过自己的努力终于将家里的债务还清。

2. 散文《三月》的发表改写人生

1998年初春时节，管建刚悠然地走在通往学校的田间小路上。他看着泛绿的庄稼与小草，感觉好像是第一次享受这上苍的馈赠，不由得慨叹大自然竟是如此之美，一种久违的情愫和热情瞬间涌上心头。

管建刚开始静下心来尝试写作。

刘勰说："情动而辞发。"管建刚触景生情，一股想要创作的冲动喷薄而出。这一天，他写出了他的第一篇散文《三月》。当然，成文的过程不只需要灵光乍现和强烈的情感，还需要不断地润色和修改，最终才有了这篇300来字的短文。

他突然萌生一个念头——何不将这篇散文投到《吴江日报》？

他知道，此举有点"异想天开"，投去也一定是"泥牛入海"。他不由得嘲笑自己怎么这样不知天高地厚。但一向有了想法就贯彻到底的他，终归还是将《三月》投进报社的信箱，因为他坚信任何一株植物的成长都是从根部开始的。

文章竟然发表出来了！一切似乎超乎常规。

管建刚怎么也想不出报社编辑看中自己写的这篇散文的原因。为了破解这个难解之谜，管建刚大着胆子走进了吴江日报社，见到了编发《三月》的编辑。

编辑坦言，在排版就要付印的时候，发现报纸的一个角落里尚有一块比较小的地方空着。而管建刚的《三月》恰巧填补了这个空白。没有可供选择的文章，就随手将它放到了这天的报纸上。

编辑随后对管建刚说："这虽然有偶然的因素，可还是表明你的文笔不错。所以，你如果继续写下去，一定会写出更多更好的作品。"

离开报社前，编辑握着管建刚的手，非常热情地对他说："如果再写了散文，继续给我们投稿啊！"编辑的这番话顿时让他热血沸腾，兴奋不已，想要写作的欲望由此被彻彻底底地激发出来。

如果《三月》是给管建刚的写作之路打开了一扇小小的窗，那么《四月》就是为他的写作之路打开了一扇宽阔的门。

在以后的日子里，他每天往返于家和学校之间的路上，如同一位采风者，一边仔细观赏沿路的风景，一边思考如何将其变成文字。到了学校或家里，便将所见、所想、所感、所悟写成文字，再一遍又一遍地修改，终于写成了400多字的散文《四月》。他随即毫不犹豫地把它投到《吴江日报》。

结果，这篇又在报纸的一个角落里发表了！

同在一个办公室的老教师鼓励他说："你再写篇《五月》吧！"

其实，管建刚也是这样想的。因为此时他已经对写作产生了浓厚的兴趣。可是，由于他平时很少阅读，即使有话要写，也往往因为词不达意，难以写出层次深一点的散文，他的脑海里出现一个词——江郎才尽。

写不好，写不下去怎么办？他想到了阅读。

他开始读的是刘绍棠的《小荷才露尖尖角》，并为其语言的生动、含蓄、优美和富有节奏感而倾倒，作者所展示的乡风水色、世俗人情，既给人以诗情画意的感觉，又让人领略到"天然去雕饰"的艺术美质。

管建刚在惊叹刘绍棠写作水平精妙时，开始研读其中的写作要领。这是一种思维的转变，即由"写什么"到"怎么写"的阅读思维的转变。

他发现，刘绍棠只有中学学历，可他因为博览群书，又有丰富的农村生活阅历，才有了如今巨大的文学成就。看来，阅读中蕴藏着智慧和力量，只有经过文化的滋养与生命阅历的沉淀，才能让写作成为流淌不尽的活水。

在此后的写作中，管建刚不仅仅驻足于观察生活这一个层面，每天还以朝圣者的心态，游弋于阅读的海洋中，自由地吮吸着各种知识的营养。

《五月》的发表更把他引向文学之路。

此时的管建刚，由于大量的阅读和不断的积累，写作水平也在持续提升。

1998年10月，管建刚对爱人说："为了方便写作，我决定要买一台电脑；为了方便投稿，还要买一台打印机。"这对于一个农村小学教师的家庭来说，实属一笔不菲的开支。为此，他向爱人保证，自己一定加倍努力多写稿子，用稿费将这笔钱挣回来。

电脑与打印机落户到一个农村小学教师家里，这在当时绝对是一件让人震惊的事情。于是，就有了不少好奇者前来观看与探寻。这更加激发了管建刚写作的热情，他要让爱人和大家看到，有了电脑与打印机的他，写起文章来一定会如虎添翼。

从此，每天晚上7点到9点，管建刚便雷打不动地坐在电脑桌前写作，并规定自己每周完成一篇800字到1000字的文章。

冬天天气寒冷，管建刚的家里没有暖气，也没有空调，他被冻得手脚冰凉，无法正常写作。爱人为管建刚准备了一只装满棉花的箱子，当他写作的时候，就把双脚放到箱子里。爱人又为他制作了一双只露出手指的手套，方便他敲打键盘。

有了爱人的支持，他振奋不已。久而久之，写作成了他每天都会坚持做的事情，也是他人生中最重要的事情。

到《十二月》这篇散文发表的时候，管建刚的散文不但有了形散而神聚的共性特点，还有了属于他自己的语言风格、乡土情结和艺术个性。

写作让很多人开始对管建刚刮目相看，也让他自己坚定了人生的奋斗目标。在散文创作大获成功的同时，他开始尝试写教育故事与教学论文，并在

1998年江苏省教育厅举办的"教海探航"征文比赛中，荣获了二等奖。

从此以后，管建刚屡屡发表教学方面的文章，并结集出版，有些书还成为全国畅销书。同时，他的课堂教学水平也在不断提升，被评为江苏省特级教师、2008年度全国"十大推动读书人物"、全国优秀教师、教育部首届教学名师等。想想初为人师时的尴尬，谁能想到今天的管建刚能有如此的成就？其实，人的潜能是一般人很难想象的，只要激发出自己体内的潜能，就能获得迎难而上的勇气和动力，从而取得令人瞩目的成就。

四、杨卫平老师扬其所长，激活学生的潜能

每个孩子因其性格、成长环境和家庭教育环境等的不同，在很多方面的表现大相径庭。可教育上偏偏出现了一种怪现象，学校和家长常常以学习成绩定优劣，评判学生。有的教师甚至以此标准对学生区别对待，对所谓的"优等生"高看一眼，对所谓的"差生"不屑一顾。

郑州十九中语文教师，曾获过"全国优秀语文教师""首届河南最具影响力班主任"称号的杨卫平老师则不然，在她看来，每一个学生都有着巨大的发展潜能，只要教师教育有方，激发出学生的内在潜能，就有可能取得意想不到的效果，让学生各骋所长，得到全面的发展。

杨卫平

1. 质疑课文插图的女孩圆了大学梦

在教学《石壕吏》这首诗的时候，课本上有一幅插图，插图中画的是两个面相凶恶的官吏与一个衰老凄楚的妇人。杨卫平老师班里的一位女生，平时语文学科成绩一般，胆子也比较小。可是，她在学习了这首诗之后，悄悄跟杨卫平老师说，她对这幅插图不满意，且想要尝试为这首诗画一幅插图。

杨卫平老师听后惊喜不已，当下便鼓励她进行创作。很快，这位女生便将插图画出来了，她画了一个身材高大的悍吏，与旁边身材矮小、背曲腰躬的老夫人形成鲜明的对比，面色凝重的诗人杜甫也出现在了画面上。

杨卫平老师立即将这幅图在她的微博上发了出来。她写道："一个孩子，念念不忘学过的课文，却不是为了死记硬背，而是增添创意，画出和课本上不一样的插图。窃以为，在课业负担的重压之下，她画得好不好不重要，重要的是她能因此增加自信心，并从这件事情中得到快乐。在此，我想为我 14 岁的学生求赞，我想借此去鼓励她，让她有胆量去追求尝试自己想做的事情。"

郑州市教育局官微当场转发，点赞者接连不断，当天下午就有了 15 万的点击量。杨卫平老师欣喜不已地把网友们的点赞及评论推送给这位女生。这让这位女生惊喜万分，也让她有了极大的自信心，学习的效率与质量也与日俱增。

高考的时候，这位女生考进了一所名校，她将这个喜讯告诉了杨卫平老师。她说，杨卫平老师曾经给予她的鼓励和赞扬，让她有了追求梦想的勇气和力量。

其实，每个学生都有着巨大的发展潜能，可有的时候却因为老师的打击，使这些潜能长期处于沉寂的状态之中，最终学生走向成功的希望与可能也被扼杀。

杨卫平老师发现了这位女生的潜能，并及时予以鼓励，点燃了她的自信心。而这位女生在拥有自信心的同时，也拥有了拼搏向上、克服困难的勇气和力量，因此在学业上取得了巨大的进步。

2. 拥有画家梦的女孩考入心仪大学

在杨卫平的班上，有位女生非常喜欢绘画且很有天赋。杨卫平老师常常想，如果她继续坚持下去，说不定以后在绘画方面会有很高的成就。

在一节语文课上，杨卫平老师布置了一道作文题目——"夸夸我们班的任课老师"。杨卫平老师灵机一动，何不让这位女生给每个教师配上一幅插图？杨卫平老师和这位女生一说，她喜出望外，随即答应了下来。

也正是这个时候，福建教育出版社向杨卫平老师约稿《被学生感动的56个故事》。于是，杨卫平老师对这位女生说："咱俩合作，我写文字，你画插图，说不定还可以创造一个教育佳话呢！"这位女生惊喜不已、受宠若惊。老师文章写得好，学生插图画得妙，这本书出版后，很受欢迎。

这给杨卫平老师尤其是这位女生以极大的鼓舞，她对杨卫平老师说："我要继续画画，将来成为一名画家！"

杨卫平老师十分欣赏地看着她说："行！老师支持你，将来你一定能成为一位很好的画家！"

这位女生的画家梦由此开始。她不断地画，在杨卫平老师和家人并不知情的情况下，悄悄把自己的画投给美术杂志。结果一投即中，刊物和稿酬寄到学校的时候，杨卫平老师为她感到骄傲不已。

随后，杨卫平老师给这位女生的妈妈打去电话："我虽然不是美术老师，可我想尝试一下，帮孩子实现成为画家的梦想！"

这位女生的妈妈很受感动，当即表示愿意和杨卫平老师一起，共同支持这位女生的梦想。

初中毕业后，这位女生顺利地考进她心仪的美术高中。高考的时候，她的美术成绩名列全国第七，最终顺利地考进了自己心仪的大学。

其实，这位女生的理科成绩并不理想，如果在这些学科上拼成绩的话，她不但考不上心仪的大学，甚至有可能在高考中名落孙山。正是因为有了杨卫平老师这位懂得扬长避短和因材施教的班主任，才让她的长处得以发挥，让她有了追求梦想的信心和勇气，使其不但考进了理想的大学，还在心里积淀下一份积极思维。这种思维有可能伴随其一生，助其走向美好的未来。

3. "问题学生"成了优秀的音乐指挥

杨卫平老师曾经教过一个男孩，可是，他性格易冲动，一旦情绪失控，就会立马发泄出来，与人发生争执，属于典型的"问题学生"。

有一年春天，学校要举行歌唱比赛，这个男孩找到杨卫平老师说："我的乐感非常好，想当指挥。可是，班干部和任课教师坚决不同意。"

班干部和任课教师认为，在数千人的大舞台上当指挥，如果他情绪激动，管不住自己，不就坏事了吗？

杨卫平老师却当即答应他说："我现在就去做工作。"

杨卫平老师找班委谈话："一年多以来，他在大家的心目中一直是负面形象，现在他主动要求为班级做贡献，我们能不能信任他，给他个机会？如果他指挥得非常好，还能为我们班级争光呢！"

她随后又找到任课教师，为这个男孩争取机会并得到了任课老师的同意。

结果演出空前成功，她所带的班级获得了第一名。当这个男孩在台上向观众鞠躬致敬的时候，大家报以持久而热烈的掌声，他也激动得泪流满面。

从此之后，这个男孩变了，他几乎没再发过一次脾气，与同学们相处得越来越好，学习也越来越努力。

初中毕业后，他以全班第三名的好成绩升入高中。更重要的是，他学会了控制自己的情绪，学会了为班级争光，学会了关心他人。

孟子说："人之所不学而能者，其良能也；所不虑而知者，其良知也。"王阳明更有"心即理，知行合一，致良知"的精辟论述。大部分正处在成长期的初中学生，具备"良知良能"的品质。不过，有的时候，某些因素遮掩了其内在的光华，以致他们得不到信任，失去走向成功的信心与希望。杨卫平老师深信孟子和王阳明的学说，且有着"知者行之始，行者知之成"的知行合一的品格。因此，在有些人眼中所谓的"坏孩子"，到了杨卫平老师班里，却多有了凤凰涅槃式的变化，逐步走向正向发展之路。

4. 男孩因热爱科学而拥有了自信

杨卫平老师班里的一个男孩的考试成绩一直在班里的下游徘徊不前，可他热爱科学，动手能力很强。杨卫平老师心想：何不扬其所长，激发他的上进心呢？

有一次，杨卫平老师的麦克风坏了，于是便请他帮忙修理。他放学回到家里，就开始认真地修起麦克风来。第二天，他喜出望外地对杨卫平老师说："老师，麦克风已经修好，请您验收。"杨卫平老师一试，果真如刚买来的时候一样好用。于是，她除了向这个男孩表示感谢之外，还在几个不同的场合对他夸奖了一番，让这个男孩喜不自胜。

一天，杨卫平老师办公桌的抽屉坏了，她再次请这个男孩出手相助。结果，这个男孩和一个同样爱好科学的同学"牺牲"了两个午休时间，将抽屉修得完好如初。杨卫平老师对他赞赏有加，由此他对科学研究的兴趣也愈发浓厚。即使没有教师与同学请他修理损坏的物件，他的书包里也一直放着小钉子、小铁丝、小铁皮等，以备不时之需。只要有人找他帮忙，他便慨然应允，而且几乎全能修好。他有了助人为乐的快感与成就感，心情也变得快乐起来。

更重要的是，他从这些事情中找回了学习上的自信，对学习产生了浓厚的兴趣，学习成绩突飞猛进。

进入高中后，他对科学研究的兴趣一直有增不减，学习成绩也一路飙升。寒假时，他给杨卫平老师发来短信，说他不但考试成绩在班里名列前茅，还拿到了奖学金。

如果杨卫平老师起初认为这个男孩成绩不佳，而对他热爱科学的兴趣视而不见的话，不仅会削弱他的研究兴趣，而且会让其自身的潜能沉寂下去。久而久之，他也许就成了人们心目中的"差生"，甚至丧失学习的动力。杨卫平老师在扬其所长的时候，激发了他对科学研究的动力与兴趣，让他充满了自信心与自豪感，从而使其在学习与生活上有了新的气象。

五、河北衡水中学：师生在激情澎湃中走向卓越

河北衡水中学（以下简称"衡水中学"）每年考入清华大学和北京大学的学生都超过200人，前往参观学习的人更是络绎不绝。与此同时，外界的质疑声此起彼伏，一直没有中断过。

其实，如果走进衡水中学，看看师生激情澎湃、追求卓越的精神，就会感到他们取得如此辉煌的成绩，也在情理之中了。

1. 激情燃烧，慷慨雄壮

富有激情会让师生全身心地投入到工作和学习中，让他们感到有用之不尽的能量。这种能量能激活大脑，让思维处于高速运转中，甚至抵达巅峰的状态，从而让灵感频频闪现。同时，富有激情还会让师生产生积极向上的能量，

进而形成一个活力四射的环境。任何人身处其中，都会情不自禁地激发出热情。于是，教学与学习，就变成了一种内在情感的需求，而且是一种极其强烈的情感需求，人们孜孜以求的高效也就随之而来。

笔者先后采访过衡水中学的张文茂和郗会锁两任校长，现任校长王建勇也是我通过"以文会友，以友辅仁"的方式交到的朋友。同时，我还多次到衡水中学讲学和参加会议。我每每感动于学校师生的激情文化，进而多次撰写成文，在报刊上予以报道。我不仅被学生学习时激情四射的精神感召，还被教师教学中激情澎湃的态度感染，感受到一种给人以巨大能量的生命力量。

每一次去衡水中学，都让我感到整个学校好像是一团熊熊燃烧的烈火，而潜能的"女神"便在上面欢快地跳舞。

但凡到衡水中学参观学习者，几乎都要观看学生跑操。如果说，那前后间隔一致而又整齐划一的队列让人感到不可思议的话，那么那些气冲霄汉的口号声则让你也不由得激情满怀。

我还曾现场观看过衡水中学的"十大学星"竞选，毫不夸张地说，那是我看到过的最让人心情激荡的竞选。看着选手们昂首挺胸地走到台上，气势磅礴而又充满自信地演讲，引得台下观看的学生发出一阵阵高亢有力的"加油"声，我也情不自禁地惊呼起来。

如此荡涤心灵的活动，并非只在决赛时演绎，而是持续长达3个月之久。因为要想参加全校"十大学星"的竞赛，必须经由班级、年级等的层层选拔，只有一路过关斩将，才有可能到全校的大舞台上一决高下。

千万不要认为只有在全校竞选中才有如此火热的场面，其实，从本班内的学星竞选开始，竞争的火苗就已经燃烧起来了。

即使到了高三，衡水中学依然有着各种各样的活动，比如优秀学子报告会、规范月活动、奖助学金颁发大会、课前一歌、会操比赛、拔河比赛、每天一分钟演讲等。

郗会锁说："我们之所以举办各种各样的活动，目的就是要时刻点燃起学生的激情之火。因为只有在激情洋溢的时候，学生的学习状态才能抵达高效的殿堂，而原本沉睡的潜能也才能被激活唤醒，焕发出昂扬的生机。这样，他们学习的时候，就不再感到是一种痛苦，反而会享受到高效学习带来的特殊愉悦感。"

没有到过衡水中学的人，往往因为衡水中学高得令人咂舌的升学率而断定其是应试教育的"高考加工厂"。如果真正地走进这所学校，他们就会为自己以前的说法和想法感到内疚。其实，如果只是为了升学而学习，加班加点，挑灯夜战，就会消耗掉学生的学习激情，不但无法提高学习效率，也绝对不可能有如此之高的升学率。

郗会锁

在衡水中学，激情的火焰不但在学生身上一直燃烧着，而且在教师那里也从来没有熄灭过。

我曾参观过衡水中学的班级对抗赛，那种氛围简直让在场的人热血沸腾。如果说学生在这种激烈的对抗中激情澎湃的话，那么，每个班的班主任也都全然忘却了自己的年龄，他们挥舞着双臂，像学生一样大喊着、欢呼着。

为了让教师的激情像学生一样永远燃烧不止，学校还专门搭建了教师挥洒激情和走向成功的舞台。比如，学校每学年都要开展"十大品牌活动"——师德报告会、最受欢迎教师评选、魅力班主任评选、十佳班主任评选、青年教师希望之星大赛、专业成长优秀教师评选、科研标兵评选、师德标兵评选、班主任素质大赛、青年教师希望之星等。

我有幸在衡水中学观看过一场"十佳班主任评选"的活动，看着教师个个斗志昂扬地走上舞台的那一刻，感觉自己心灵的堤岸被激情的狂涛猛烈撞击起来。即使那些年纪大一些的老教师，他们在演讲的时候，也会让你不由得想起苏东坡的著名诗句"老夫聊发少年狂"。那些初出茅庐的年轻教师，更是英姿勃发、慷慨激昂，孔子所说的"后生可畏，焉知来者之不如今也"，感觉在这里变成了活生生的现实。

只有学生的激情，而没有教师的激情互相交汇，是很难持久的。而且，正是在这种交汇中，师生相互受到感染，以致让教师的潜能也跃然而升。上课的时候，教师激情荡漾，灵感频闪，演绎出一个又一个精彩的教学景观。而学生的思维也在激情的拍打之下，尽情地飞扬起来。于是，高效的教学与学习也就不期而至了。学生考出好成绩，学校升学率年年攀升，也就成了自然而然的事情。

其实，作为高中的领导者，希望能有好的升学率，这并不是什么坏事，关键是如何提高升学率。如果只是让教师死教学生死学，那永远不会有很高的升学率。只有教师满怀激情地去教，学生激情四射地去学，才会有高升学率。

我多么希望有更多的学校领导者能从衡水中学的激情文化中受到启发，也去点燃自己学校师生激情的火把，照亮学校的发展之路。

2. 逢难必上、逢冠必争

凡事必须做到最佳，已经成为"衡中人"的一个铁律。不管干什么，都要拥有一种逢难必上、逢冠必争的精神。

奋勇争先是一种追求、一种志气、一种精神。20世纪90年代，衡水中学处于升学率低、生源外流的状况。面对这一现状，1992年新的领导班子提出3年后升学率要达到全市第一的目标。就这样，领导班子带领着教师们严肃纪律、狠抓管理、外出学习等。1995年，学校升学率真的实现了全市第一。

衡水中学里的教师和学生，不管参加什么层次的大赛，几乎都是奔着夺冠而去。事实上，很多时候他们也都能如愿以偿。

这些年，参加河北省班主任基本功大赛，衡水中学是唯一派出两名选手参赛的学校。一般来说，获得一个特等奖和一个一等奖几乎毫无悬念。不过，有一次比赛，一位参赛教师因为失误与一等奖擦肩而过，只获得了二等奖第一名的成绩。他回到学校之后，非常内疚地去找郗校长，一再说辜负了学校的期望。经过郗校长很长时间的劝慰，他才从校长办公室离去。可郗校长说，在那位教师离开的那一刻，他看到了他脸上洋溢出来的巨大决心与勇气。

这种敢于争先的精神在衡水中学随处可见，比如，我在观看学生军训时，就被学生们洪亮又有气势的口号声所震撼。他们在烈日下喊出了"天骄十九，不懈追求；勇往直前，争创一流！军中骄子，校园精英；铿锵二十，谁与争锋……"的雄壮口号。

在2019年第28届全国中学生生物学奥林匹克竞赛中，河北省共获得11枚金牌，其中9枚花落衡水中学。同年，邓子杰同学在第51届国际化学奥林匹克竞赛中力挫群雄，摘得金牌，取得理论成绩世界第一、总分世界第二的骄人成绩。由于篇幅的原因，我不可能将衡水中学学子获得的各类奖项一一列举出来。不过，仅2019年，他们就获得各类荣誉1000余项，其中国际级荣誉14项，国家级荣誉440余项，省级荣誉400余项。

这种必争第一的精神，不但深深烙印在了衡水中学师生的心里，而且已经锻造成了一种学校文化。正是这种敢争第一、积极向上的文化，让"衡中人"永不言败，奋力向前，从而斩获了一个又一个辉煌的成果。

六、衡水市第十三中学"激爆潜能",提升教与学的效率

2012年2月9日,白祥友走马上任衡水市第十三中学(以下简称"衡水十三中")校长的时候,学校的生源情况并不理想。当年学校有1000个招生指标,报名学生却只有400人。市区学生不愿意来衡水十三中上学,学校只好到农村去招生。十来个教师坐一辆面包车去招生,每到一村便下来两个教师,挨家挨户去动员学生家长,让他们的孩子来衡水十三中上学。中午教师们没地方吃饭,只好自带火腿肠和方便面等,在村头蹲在地上吃。即便如此,学校也只招收到了300个学生,招生指标还差300人没有招满。

尽管近几年学校生源质量有了不小提升,但依然不好。现在,衡水十三中只能招主城区的学生。以2020年为例,主城区的中考生总共不到17000人,衡水十三中的中考统招线为479分,这个分数在主城区排10600多名。学校要在不到17000名的中考生中招收1000多名学生,达到统招线的学生只能招到40%,剩余60%还要再降低50分进行录取。所以,衡水十三中招收学生的分数比衡水中学的低100多分,比衡水市第二中学的低60多分。但是,2020年衡水十三中的高考成绩有了很大的突破,而且还有两位学生考进了北京大学。

为什么会发生如此大的转变呢?原因是学校践行着16个字的育人方针——解放生命,激爆潜能,超越每刻,卓越一生。这是白祥友校长在长期的教育教学实践经验中总结出来的,因为在他看来,学生中考成绩低,这只是其暂时的落后,并不能由此给他们贴上差生的标签,每个学生都蕴藏着巨大的潜能。学生中考成绩低的原因有很多,可能是学习习惯不好,也可能是

心理承受能力弱或家庭教育有问题。学校要探寻学生中考成绩差的原因，把阻碍其发展的结解开，解放生命，让学生健康地成长。解放生命，教师有着舍我其谁的责任担当。只有教师相信学生具有潜能，才能解开束缚学生发展的绳索，激爆学生的潜能。白祥友到衡水十三中就任校长时，距离高考只有118天，几乎所有人都认为，这些学生在高考中一定难以胜出。令人没想到的是，白祥友校长在采取各种措施激爆学生的潜能之后，学生取得了大大超过预期的高考成绩。由此可见，如果潜能被激发，学生就会持续不断地发展和超越，以至一生卓越。

其实，任何学生，包括学困生和所谓的"问题学生"，都有着很大的发展潜能。恰如孟子所言："人皆可以为尧舜。"只是学困生和"问题学生"的潜能没有被激发出来，甚至被严重压抑了，从而导致他们的考试成绩等方面每况愈下。而这个时候，有的学校领导和教师不是给予其积极的引导，反而给予消极的心理暗示，在言行之中，总是将这些学生打入另类，认为其已经不可救药。结果是，他们也认为自己没有了任何发展前途，以致一蹶不振，对学习没有了信心。

可白祥友校长却给这类学生注入积极的能量，让其拥有"我有潜力""我能行"的信念。学生天天接受到这样的心理暗示，也就渐渐地认为自己真的有了潜能，真的"我能行"了。在这个过程中，学生沉睡的潜能慢慢觉醒，考试成绩、综合素养等方面也持续攀升。于是，他们的生命勃发出昂然的生机，他们不但爱上了学习，而且整个生命

白祥友

样态都变得焕然一新。

笔者有个观点，一个人的成败，未必一定赢在或输在起跑线上，而主要在中跑线上。比如说，衡水十三中的学生刚入学时的成绩比名校学生差，在高中阶段起跑时是输了。可是，通过三年不断地"跑"，他们的潜能被大大激发出来，在高考时他们便脱颖而出。2020年考入北京大学的两个学生，在中考时的成绩并非出类拔萃，可是他们却赢在了中跑线上，并取得了出人意料的成绩。他们上了大学乃至步入社会之后，如果继续保持这种精神状态，不断激发自己的潜能，还会取得更大的成绩。

在激发学生潜能的同时，白祥友校长也在想方设法激发教师发展的潜能。为此，他还制定了相应的激励机制。他认为，好的激励机制一般有两个力在相互支配着，一个叫做拉力，一个叫做推力。拉力就是表扬、表彰和鼓励，推力就是批评、鞭策和惩罚。教师工作做得好，就用拉力；做得不好，就用推力。这种激励机制一旦形成，就会让干得好的教师更加努力，让干得不太好的教师反省自身且奋起直追。比如学生从高二升入高三的时候，学校便把班级进行重新编排，让所有教师又都站到了同一个起跑线上。这样，就会激励每一位教师在教学上更加积极努力。因为他们谁也不希望高考的时候自己班的成绩排到后面，否则，一是对不起学生，二是对不起自己的职责和使命，三是对不起学生家长和学校的信任。

这样的激励机制会让每一位教师都竭尽全力，为学生更好的发展而奋争。本来，人人都有"致良知"的向善向美之心，有的教师之所以没有将"良知"显现出来，是因为没有更好的激励机制将其激发出来，所以才让"良知"一时被遮蔽起来。而这样的激励机制让"良知"如阳光一样灿烂，让教师既勤于工作又心甘情愿。教师喜欢和敬畏这样的机制，从而让激励机制形成文化。文化是什么，就是以文"化"人，衡水十三中的教师都会被这种文化所"化"。这既让教师有了发展与幸福的感觉，又让学生拥有了更好的学习与生命样态，在提升学习效率的同时，还有了一种家的归属感。

在采访中，笔者发现，白祥友校长就是一个生命潜能的自我开发者，他自始至终都呈现出一种非常积极向上的精神状态，这种精神闪着光芒，一直在学校里回旋。于是，教师们也便有了这种精神光芒。精神光芒不但可以照亮自己，还可以照亮学生。

当师生内在的潜能都被激发出来后，教师的教学效率和学生的学习效率就会提高，整个学校就有了一种蓬勃向上的精神气象。

第六讲

创新机制，激发活力

好的制度与机制能够让师生心灵愉悦，并激发出巨大的活力，从而走向教与学双向高效的境地。当然，这里的制度与机制，不只是挂在墙上的冷冰冰的条文，而是蕴含管理智慧、充满人文情怀、真正以人的发展为本的制度文化。只有这样的制度，才能真正抵达人的心灵深处，达到以文"化"人的境界，升华为人的自觉行为。

制度的出台，不是校长一拍脑袋随心所欲就定下来的，而是从上到下，从下到上，经过三番五次地研究，反反复复地考量，方才产生的。虽然说一人难称百人心，但每一个规章制度都要体现绝大多数教师的意愿，代表群体的利益，维护教师的正当权益。唯有如此，才能让教师心服口服。

一般情况下，大多数人对于即将产生的制度，往往从是否对自己有利这个层面考虑，至于是不是对其他人同样有利，人们大都思考较少，甚至根本就没有思考。但当所有人都在审视这个制度的时候，自然就会有不同的看法，甚至会产生争执。可就是在这样一次又一次的碰撞中，一次又一次的磨合中，教师逐渐意识到以往自己的狭隘，由只考虑自己的利益转而同时也考虑他人的利益。从广泛征求不同层面的意见到倾听不同的声音，允许争辩、不断修订、逐步完善产生的制度，教师不但会明白每一项制度的内涵，而且也从心理上高度认可。在执行制度的时候，就很少有抵触情绪，甚至还会敬畏它，接纳它。同时，这种制度其实是"始"之于民，"施"之于民，达到了以人化"文"的结果，也就形成了制度文化。而这种制度文化，反过来又在有形与无形中"化"人，让身在其中的人们内化于心，外化于行，自觉地遵守制度，维护制度，并升华为一种心理的愉悦感。

制度一旦形成，在学校里就有了"法"的权威，任何人都不能挑战它。即使有的人因违反制度受到惩罚，也无言以辩。自己亲自参与制定并认可的制度，因为不自律而违反，没有谁会同情你，甚至自己都不会原谅自己。

王阳明认为，每一个人都有良知，只不过有的时候被其他利益遮蔽了而已。那些没有文而"化"之的制度与机制，就有可能把教师的良知遮蔽。从某种意义上说，好的制度文化，不但会让原来积极努力的教师更加奋发向上，也会改变那些混日子的教师的生命状态，促使他们也心甘情愿地去展示其本性中美好的一面。

一、湖北省荆门市第一中学的学校制度

学校需要制度规范人的行为，更需要制度文化内化人的行为。孔子说："不在其位，不谋其政。"可有的校长在谋自己之"政"的时候，连副校长甚至班主任的"政"也谋了。结果是，校长一个人忙得不亦乐乎，其他干部却闲得无事可干。更重要的是，这种方式影响了其他干部工作的积极性，甚至让他们心生怨气。其实，不管校长水平如何高，如果不能充分发挥其他干部工作的积极性，学校管理工作大多很难取得比较好的成绩。正如管理大师汤姆·彼得斯所说："管理技术固然重要，但增强信任却更为有效。"

荆门市第一中学（以下简称"荆门一中"）则在发挥干部与教师的工作积极性方面做出了有益的探索。

彼时，笔者在与时任校长原野将近半天时间的交流中，发现他没有接到一个请示学校工作的电话，也没有

原 野

副校长与中层干部前来汇报工作。因为学校实行的是分层管理和分级负责制。更重要的是，学校制定了一系列的制度，这些制度可以通过量化指标对所有人员进行科学的考评。

评价干部与教师，不用领导的主观意愿评价，而是用数据说话，形成制度文化。学校制定了以《荆门一中业绩考评方案》为核心的系列化管理制度。依据考评方案，学校的各项工作做到无论什么程度都有一个相应的量化分值。每位教师所干的工作，都有一个对应的得分。累计一个学期或一年来的各项得分，便是一个学期或一年的工作业绩。不管是评选先进，还是职称评定，以每人的得分进行排名。其实，当某一评选项目一出来，每个教职员工对应评价方案，就可以找到自己排名的位置，明了自己是否能够评上。

在荆门一中，学校对教师在课堂、办公室、集会、生活等各种场合的言行做了详细规定，如校园内不抽烟、每天运动1小时、礼让右行、轻声说话、光盘光桌等。

有的学校有了制度但是教职员工不一定执行，执行了也不一定从心里认可。但是荆门一中的制度是由大家集体讨论后定下来的，讨论过程中也会有不同意见，有时还会有争议。在不断地讨论和商议中，大家的意见逐渐一致，最后形成大家认同的制度。制度只有"化"到每个教职员工心里之后，才能产生巨大的正能量。因此，荆门一中的制度渐渐上升成了制度文化，有了"文"而"化"之的性质。

几年前，学校争取了4个代课教师转正的指标，但学校共有8个代课老师，怎么办？依据评价方案，按量化指标一算，结果便呈现出来了。能转正者自然高兴，没有转正者非但没有怨气，反而更加努力工作，以期以后再有转正机会时，自己的得分能够名列前茅。

后勤工作往往也是管理的难点，可分管后勤工作的副校长高兴华却感觉非常轻松。他说："学校制度将工作标准与得分标准都规定得非常详细，每个人都很清楚。所以，一旦出现门窗损坏、水电故障等问题，维修人员便会第一时间前往，维修的时候也是精益求精。因为维修工作完成之后，紧接着就是对其工作的评价，也就有了对应的分数。当然，也就有了相应的奖惩。每天工作有考评，每月工作有考评，每个学期工作有考评。期末评定工作情况时，就将平时得分累积相加，并将结果公布出来，每个人的排名便展现在大家面前了。

《荆门一中后勤（教辅）人员考评细则》是真正意义上的细则，比如第11条规定："学生评议满意率超过95%的加20分，低于60%的扣20分。"第16条还有一项规定："参加义工活动，凭义工证记载一次加10分。"

也许有人会说，参加义工活动与后勤人员的本职工作有联系吗？显然没有直接联系，但后勤人员需在做好本职工作的同时，有社会责任感。一个没有社会责任感、只考虑自己利益的后勤人员，不管他工作得多么认真，都缺少了灵魂性的东西。

在与办公室主任张平交流时，他很是感慨。他说："以前制度还未健全时，有的教师即使工作业绩不佳，也照样受到表扬。干部选拔与职称评定也是任人唯亲。结果，更多的教师敢怒而不敢言，原有的积极性也慢慢地消失了。尤其是一些很有发展潜力的教师，不但没有得到很好的发展，反而对学校产生了怨气，导致他们消极工作，错过了很多发展机遇。

现在，学校评价教师的标准不以某个人与领导关系亲疏远近为重，而是以工作业绩优劣为评判标准，量化分数，让制度说话。这样，教师就不再考虑与领导拉关系，而是想方设法把自己的工作做好。更重要的是，由于这些制度的实施，教师心里舒畅了，工作效率也高了。

学校有个姓谭的老师，性格比较腼腆，平时只埋头上课，不擅长人际交往，可他积极参加课堂教学改革，成绩突出，迅速成长为骨干教师。同时他担任班主任，带出了最好的毕业班。最终，他评上了全市优秀教师。

这向教师传递出一个信号：在荆门一中，不管你是什么性格的人，也不管你与领导关系如何，只要好好工作，就会得到相应的回报和更好的发展。

以前个别工作不太积极的教职员工，也被学校的制度文化感染了。他们发现，不积极工作不但业绩考评分数低，奖金少，在别人面前也感到不好意思。你不能改变制度，只能改变自己，改变的唯一方法就是主动积极地工作。

好的制度文化凝聚的是正气，它让教职员工更多地关注如何做好工作，而不是将心思用到人际关系上。结果，人际关系变简单了，各项工作也有了蒸蒸日上的气象。

唐代诗人白居易说："仁圣之本，在乎制度而已。"意思是好的制度文化是产生正气与仁爱的本源。制度制定得越科学，越细致，越能深入人心，教职员工就会越遵守制度，越敬畏制度，并由此产生高度的自觉性与责任感。于是，学校的很多工作不需要校长不断地去检查与督促，而是由制度进行有效的规范，校长的工作也就越来越轻松。老子所说的"无为而治"，当是管理的至高境界。

明代文学家、戏曲家冯梦龙有一句名言："忠心正气，千古不磨。"忠诚于教育事业而又积极探索的"荆门一中人"，让我们看到的不只是当下公开公正的制度，还让我们感受到其浩然正气的精神品质，同时它还会不断地向广阔的时空延伸，并生成更大的正能量，让教育真正担负起培养品行端正的责任公民的重任。

有了如此公开、公正的制度建设，身在其中的教师就能心情舒畅、认真工作、高效教学，学生的考试成绩、综合素养等也自然而然地有了快速提升。

二、贵州省实验中学的"41条军规"

现在,一些学校在制定制度的时候,特别强调人文性。这固然是必要的,可是,如果学生出现问题而没有相应的惩戒措施,就有可能扰乱学校正常的教学秩序,所谓的"高效教学"也就不可能实现。贵州省实验中学从2005年以来就开始实施教育惩戒,制定了《贵州省实验中学教育惩戒条例》,要求学生和家长了解学生学习期间该做什么、不该做什么,该做的一定要做好、做到位,努力做到极致,不该做的一定不要去做,否则就必须为自己的错误承担责任、接受惩罚,并付出代价。

据时任校长刘隆华讲,在试行教育惩戒的几个月后,由于学生迟到现象屡禁不止,他让学校员工准时关闭学校大门和可以进入学校的全部通道。许多学生被关在校门外面,一个小时后仍不能进校。门外聚集了不少家长,电视、报纸等媒体的记者像碰到了大新闻一样,带着摄像机、照相机来到学校门口。刘隆华宣布学校拒绝接受任何采访,可是他一不小心接了一个电视台记者的电话,他的一番话当晚被电视台"直播"了,引起了上级主管部门和社会多方面的关注,他也不得不面对上级和媒体:一方

刘隆华

面及时向主管领导汇报并与家长沟通；另一方面接受电视台专访，谈他的办学思想和对于教育管理的想法。没想到，曝光和专访不但宣传了学校的教育理念，还为学校打了一个免费广告。为此，学校的声誉大涨，次年的招生情况更好了。

这是一个突发事件，在一般人看来，它会给学校造成负面影响。可是，直面媒体与社会，恰恰成了宣传惩戒教育的一个最佳契机，成了提升学校品牌的一个难得机遇。大家在热议甚至非议惩戒教育的过程中，对惩戒教育有了越来越清楚的认识。于是，人们的态度由反对变成怀疑，又由怀疑变成认可，再由认可变成支持。近几年来，贵州省实验中学声名鹊起，这固然与其办学质量不断提升有关，但毋庸置疑，教育惩戒制度也成了这所学校的一个金字招牌。它让那些对孩子问题束手无策的家长，看到了破解问题的新方法。

2006年2月，学校在试行一年多教育惩戒的基础上颁布了《惩戒条例》41条，被学生称为"41条军规"，同时又颁布了《校规细则》90条，对学生在校内外的日常行为，包括学习、生活习惯等进行规范。对违规学生按"41条军规"进行惩戒，惩戒的方式有口头训诫、取消特殊待遇、面壁思过、惩罚性作业、置留办公室、放学后留校搞校园卫生、停学回家反省，还有警告、校内通报且公布、记过、强迫性转学或退学、开除学籍等。当然，学校在从严惩处的同时也给予被惩处学生人文关怀，比如，为学生联系学校，追踪学生的表现，保留学籍允许回来高考，关注学生走向社会的发展等。凡被处理的学生及家长很少出现与学校敌对的，他们都认同学校的管理，接受学校的处罚，在接受惩戒的过程中知道了规则的严肃性，更加理解了学校提出的"尊重生命、为学生终身发展奠基"这一理念的深远意义。

"41条军规"是在学生入学前就明示给家长与学生的。认同"军规"，就要敬畏"军规"，就要遵守"军规"。如果违反，就是明知故犯，就要受到惩戒。惩戒教育，就是让学生增强责任意识。惩戒的目的，是让学生认可规则，敬畏规则，营造出遵规守纪的氛围，增强责任感与担当意识。

无规矩不成方圆，教学与学习亦然。有了规矩，才能让课堂教学步入正轨，才能让教师高效教学，让学生高效学习。

我去学校采访的时候，时任校长刘隆华说，他几天前刚参加了一个特殊的宴会。宴会是学校的一个中层干部来邀请的，也不说谁是请客的主人，只说给他一个惊喜。结果，刘隆华到了宴会厅一看，是当年被他劝退的一个女生和她妈妈。那个女生曾因违反学校规定被责令退学。他扭头就想走，那个女生赶快追过来，哭着说："刘校长，您千万别走，我是来感谢您的。我以前太不知天高地厚了。到了新的学校后，我开始反思自己的行为，真正意识到了自己的问题，开始一心一意地学习。今年我考上了一所重点大学的本科，我们母女俩今天是专门设盛宴来感谢您的。"

这就是制度得到认可进而内化为一种自觉后所产生的巨大力量。不少学生来到贵州省实验中学后，家长们说他们学习自觉了，懂得规矩了，知道感恩了，学校也因此得到很好的社会声誉。

三、宁夏回族自治区固原市第一中学的扁平化管理

宁夏回族自治区固原市虽然地处西北地区，可在学校管理上却一点儿也不比大城市里的名校逊色。学校很早就引进了扁平化管理，而且构建了具有固原市第一中学特色的先进管理系统。

传统的"校长—副校长—科室主任—年级组长—教师（班主任）—学生"层次众多的"金字塔"式的管理形式，存在着严格的上下级关系，学校的主体——学生和教师处于管理的最底层，成为处于被动状态的被管理者，主体

的积极性不能得到有效的发挥，严重制约了他们巨大的创造潜能。同时，由于中间环节多，决策层的思想无法细致传达到教师那里，且有一个相对较长的传达过程，从而让学校决策难以产生预期的效果。

为此，固原市第一中学引进扁平化管理体制，将整个管理系统压缩为两个管理层次：一是校级领导决策层，二是年级管理执行层。决策层不必事必躬亲，而是筹谋大事；执行层放到年级组，成为以服务为主的管理机构。决策层形成决定后，直接传达给执行层，执行层又传达到老师那里。这样减少了中间层次的内耗，解决了政令不通的问题。

那么，会不会由此出现不了解基层情况、决策失误的问题呢？答案是当然不会。

对于学校的办学思路与重大行动，一线教职工都要参与决策的。如果没有他们的参与，任何大的决策都不会形成。教职工如果有什么问题，可以直接向校长反映，问题会在第一时间得到答复，以致解决。同时，决策层的领导，包括校长在内，经常深入教研组，听取教师们的意见、建议。因此，在形成初步决策意见之时，就已经有了广泛的群众基础，此后再由教师代表会充分讨论，重大决议方才形成。

据时任校长薛吉强讲，扁平化管理可以让决策层腾出更多时间外出学习或思考研究一些大问题。近年来，校级领导经常外出参加高质量的学术会议，推出了一系列具有前瞻性发展的措施。同时，他们每天抽出一定时间阅读一些有思想与文化品位的书，从而提升决

薛吉强

策层的以文"化"人的能力。

他们还为执行层赋职放权。赋予年级聘任权：班主任、备课组长聘任，教师配备等；赋予年级组管理权：排课、教师管理、教师培训、学生表彰奖励、处分处理等；赋予年级组考核权：过程考核、年终考核、评优选先等考核项目。这样，给了年级组更大的发展空间，使年级组既是决策的参与者，又是执行者，从而提高年级团队的责任意识和创新意识。

同时，学校科室则也由行政型向服务型转变。科室为年级组提供业务指导、检查评估服务，为一级管理层提供决策服务，联系年级，协助年级管理。

这样，就形成了一个学校统一决策领导，年级组直接执行实施，处室具体考核检查和指导服务，督查室监督落实的决策、执行、监督和反馈的封闭运行的管理系统。于是，整个学校就形成了一个人人有事做、事事有人管的积极向上的氛围。

固原市第一中学拥有学生近万人，因为实行扁平化管理，整个学校各司其职，秩序井然，同时又朝气蓬勃，活力四射。学校因此有了一次又一次的突围与超越，取得了一个又一个令人惊喜的成绩。

四、重庆市巴川中学的管理文化

重庆市巴川中学不仅校园美丽，而且近几年教育教学质量也在持续攀升，其知名度、美誉度和信赖度越来越高。这所民办学校为什么能有如此高的品质，成了我心中一个难解的密码。为此，笔者前往重庆，走进巴川中学，走近郭洪总校长及学校干部与教师，感受到的是机制创新激活了广大教师的生命潜能，让学校有了勃勃的生机。

1. 让每个干部"不令而行"

会用权者，当属智者。会用权不等于独揽大权，而是会分权分责。对于不属于总校长职责范围内的权力，郭洪总校长悉数给予旗下各校校长及中层干部。郭洪总校长认为，他们从拥有权力的那一刻起，也就需要承担相应的责任。

郭洪总校长对笔者说，这不是他个人的智谋，而是集团管理文化使然。集团制定了"三权分立"式的管理机构设置：教务处、德育处等职能部门是学校工作政策、标准的制定者，同时也是过程的督导者，相当于教练员；校长团队是大事的谋划者、运行状况的评价者，相当于裁判员；而年级组属于中层部门，是一个具有实体性质的职责职能机构，相当于运动员。

郭 洪

集团管理文化还有一个重要理念：校长不是时刻盯着某个人平时工作的多少和好坏，而是用签订目标责任书与相应的考评制度来让每个干部都能主动积极地工作，这种方式的建立尤其可以解决副职干部分管不分担的老大难问题。

每学年伊始，集团总校长就要给名校校长签订目标责任书，随后是校长与书记、副校长签订目标责任书，然后是书记、副校长与各自分管的部门或年级负责人签订目标责任书。

如何评价干部的工作，不是由哪个领导说了算，而是形成了一个科学而严谨的评价系统。每一学期结束，集团专家委员会和人事部门便成立考评组，对所有干部逐一采用"述职＋点评＋互评"的模式考评。校级干部述职 8 分钟，中层干部述职 5 分钟，用 PPT 的形式呈现，不能说大话、空话和套话，只能对应着所签订的目标责任书逐条来谈得失。

述职之后是评议。评议时不得相互吹捧，采用"1+2"模式，即只说一个优点，然后加两个以上的不足或建议。评议结束后，便是每个干部根据统一印制的多维度互评表评分，评分表上一律签名。特别值得一提的是，学校还将每个干部的所有评述整理成一个文件，逐一发给本人，为其学习、反思与改进提供了一份难得而宝贵的资料。

郭洪总校长说："有了目标责任书与客观公正的考评，就不是我一个总校长要干部们做事，而是他们想方设法地将工作干好。"

每一个教职工都有巨大的发展潜能，当学校为其提供发展舞台的时候，这种潜能就会被激发出来，进而形成巨大的生命能量，不但会让其快速成长起来，同时也会为学校更好的发展提供精神支撑。

2. 自主管理让"师不必贤于弟子"成为常态

一般意义上的学生管理，是指学校相应部门与教师对学生的管理。可是，在巴川中学，学生管理则呈现出另一种风景：更多时候是学生自主管理，甚至有时教师也成为他们管理的对象。

喝碳酸饮料有害健康，这是家长和学生都知道的一个常识。可不少学生抵挡不住这些饮料的诱惑，依然每天义无反顾地走向超市甚至小卖摊购买。教师们曾不止一次地劝导学生远离这些垃圾食品，可结果总是事与愿违。

然而，当学生来管这件事的时候，这件事就出现了转机。孩子们从网上搜集关于碳酸饮料各种危害的资料，通过广播向全校学生宣传，还制成图文并茂的展板在学校展示。不久之后，学生大都告别了这种饮料。

郭洪总校长认为，学生有其自己的话语系统与宣传方式，他们懂得如何才能让同伴们从心里与这些碳酸饮料"诀别"。看来，学生不但会管理，而且还很有智慧。

据重庆市巴川小班实验中学分管德育工作兼班主任的郭井芳老师讲，学生每年入学的国防教育，有一年秋季一开学就出现了问题。由于雨天多，许多官兵参加抗洪救灾活动，来校的官兵比以往少了，学校只好安排班主任指导新生整理宿舍内务。可是成效甚微，以至开学第四周了，新生宿舍的内务还是不尽如人意。

这个时候，学校领导想到了学生自主管理。初二、初三年级的学生不是都能整理好内务吗？何不让他们指导新入学的学生来做呢？

当学校领导谈及这一任务时，高年级的学生们欣然接受，而且只需4个学生，便承包下了一年级15个宿舍的内务指导工作。不过，第一天却出师不利，效果不佳。他们要求郭井芳老师出面相助，对宿舍新生开设"讲座"，即讲给他们听，做给他们看。然后，他们再继续进行指导时就容易多了。一周之后，奇迹出现了，新生们将内务收拾得整整齐齐。有一个学生写了一篇名为《我们一起走过的日子》的文章，详细地叙述了他们学会整理内务的整个过程，以及意想不到的生命成长感悟。

有的教师上课总是拖堂，虽然领导三令五申禁止拖堂，但他们还是依然故我。学生管理后，起到了立竿见影的效果。当有的教师拖堂时，负责监督的学生就会走上讲台，客客气气地对老师说："下课了，老师请您休息！"

有的教师办公室比较乱，学校领导开会委婉地进行了批评，希望教师自觉地讲究卫生。可是，有的教师已经养成了习惯，总是不见改观。这个时候，学生担当起了管理者，他们走进教师办公室，对着正在工作的教师微笑着点点头，接着一言不发又轻手轻脚地将办公室整理好，然后再把地面打扫干净。看到这种情况，教师往往幡然醒悟，此后便不待学生前来，就把办公室收拾得整整齐齐。

如何文明乘坐电梯，不把零食带进食堂等，无须教师进行教育，而是由值周学生负责到底。学生值周给教师减轻了负担。以前学生上早操，班主任不仅要比学生早到场,还要督促学生起床。现在打破了班级界限,以宿舍为单位出操,由体育教师负责管理。不管班主任来不来监督,学生早操照样跑得很好。因为值周学生比教师要求还要严格,检查更是"疏而不漏"。

以前晚上查宿舍,是班主任的一项日常工作,因此他们需要晚回家。现在,班主任已经不需要管这项工作了,因为这项工作的权限已经属于学生了。由一个楼层中选出来的两个层长,以及每个宿舍选出来的一个室长负责。

每年暑假过后,学校都会聘任一些新班主任,开学之前的培训是断不可少的,培训者则是由拥有多年工作经验的班主任担任。可经过自主教育之后换成了学生干部给新班主任培训。为了做好培训工作,他们不仅认真撰写讲演稿,还做了PPT。这些新班主任坐在阶梯教室里,未曾上课,就成了学生的"学生"。韩愈说:"弟子不必不如师,师不必贤于弟子。"在巴川中学,"师不必贤于弟子"已经不再是什么新鲜事,而是成了常态。

郭洪总校长说:"不管是让每个干部'不令而行',还是学生自主管理,在产生越来越大的生命能量的时候,还形成了富有特色的学校文化。这种管理已经深入到了师生的心里,而且自然而然地外化成了行动,进而有了持久的发展动力。"

五、云南省文山壮族苗族自治州第一中学的"包产到户,责任到人"

2004年,在云南省文山壮族苗族自治州教育史上有一位令人敬佩的人物,那就是辞去副县长职位而竞聘文山壮族苗族自治州第一中学(以下简称"文山州第一中学")校长的钟子俊。

文山壮族苗族自治州共辖1个县级市、7个县，辖区全部是国家级贫困县，总人口约360万人，少数民族人口约占58%。2004年以前，整个学校教学质量不高，好多学生选择到省城昆明等地上学。

在钟子俊任校长期间，学校发生了翻天覆地的变化：每年考到一本线的学生有500多人，比10年前增加了10倍；升入本科的比例从30%上升至90%多；以前考上清华、北大的学生几年才有一个，钟子俊任校长后每年有十几个学生考上清华、北大。

1. 包产到户，"土"而管用

（1）包产到户，公平竞争

云南省文山州第一中学在管理上大胆地实施"包产到户"。这种方式简单清晰，利益明显直接，彰显出公平性、自主性、竞争性。它不但调动了承包者的积极性，提高了教学效率，还让教师自觉、主动"浇水、施肥"，管理好"自留地"，并创造出高产的奇迹，避免了教学上的瞎指挥和分配上的平均主义。很显然，这是教育界在管理体制上的一大突破。

钟子俊说："我们的具体做法就是两句话：包产到户，责任到人。"他所讲的包产到户有两个重点：一是包。"包"就是有发包人，又有承包人。二是包的是产量，就是高考的成绩、学生的前途。发包人是校长，承包人是年级分部的分部主任（每个年级共有四个分部）。这里关键是承包人必须能够自主经营，自负盈亏，

钟子俊

所以承包人要有相当的权力和自由，承包人的责、权、利必须全部到位。"权"就是人权、财权、事权；"责"就是学生的安全、高考的成绩和课堂正常秩序的维护；"利"就是对承包人的奖惩。其关键点是发包人与承包人必须以契约的方式签订承包合同，用法律的形式明确双方的责任、权利和义务。

钟子俊是有智慧，也是有勇气的。实行承包制之后，教师主动而又积极的工作状态也就水到渠成了。

有人认为，钟子俊实行的承包制是种"土办法"。其实，里面有真智慧，有大学问。几乎每一个人都有巨大的潜能，为什么有的教师的潜能没有显现出来？关键是没有激发其内在的工作激情。有人谈"利"色变，其实，孔子也谈利，只不过他说的是"见利思义"罢了。钟子俊实行的"包产到户"，不是单纯的利益行为，还有责任这个"义"在。再加上教师大"权"在握，利弊得失全在自己手里，也就无须领导催促，而是自发努力，甚至想方设法让工作"更上一层楼"。

钟子俊说，"包产到户，责任到人"，具体到学校还需要明确：一是发包人不能干预承包人正常的生产和经营活动。就是说，教务处等其他处室以及校级领导不能对分部正常的教学和管理随便说三道四，甚至发号施令。要保证分部这个承包人有相当的自由空间。二是站在领奖台上的只能是"运动员"。也就是说，高考奖金只能发给分部中在一线上课的教师，其他教师、工作人员，包括领导，都不能参与奖金的分配。三是承包人与承包人之间的竞争结果，也就是比赛结果，与"裁判员"无关。高考成绩的高低是分部的责任，教务处等其他处室不负责任。通俗点说就是，对教务处工作的评价不与高考成绩挂钩。当然，这些都是操作当中的细节问题。

遗憾的是，有的地方也搞承包，可发包人总是不放心，有时对承包人的工作有意无意地干预，打击了承包人的积极性。钟子俊对承包人的完全信任，让承包人享有了完成的自主权。唯有如此，才能让生命个体的创造性思维彻底打开，从而去收获创造性的成果。在体能赛中，运动员与裁判员是各司其职的。可是，很多学校在这方面却没有分清，有的"裁判员"比"运动员"领的奖金还要多，这势必造成"运动员"心理上的不平衡，从而使工作热情不断削减。文山州第一中学领导者的做法是将两者截然分开，让"运动员"自愿去工作，并去享受拼搏之后摘食硕果时的心灵愉悦，当然工作也就有了持久的积极性。在不少学校，高考是教务处工作的重中之重，其他处室也是围绕着高考转。可是，真正"战斗"在一线的教师，却往往在教务处的指导下受到不同程度的干涉。文山州第一中学的做法让高考成绩变成了教师自己的事情和分部的事情，于是，分部与教师就有了"不令而行"的内在动力。

（2）三权分立，相互制约

文山州第一中学的管理，不仅"包产到户"，还实施了"三权分立"。教职工全体会议行使"立法权"——所有的规章制度和奖惩措施都必须在全体会议上表决通过，以示"立法"的严肃性和广泛性。每一个年级分部行使的是"执行权"。各分部在行使权力的过程中，又开展激烈的竞争。竞争的结果就是管理水平的提高和高考成绩的上升。中层结构中的各处室，行使的是监督权，例如，教务处负责对各分部的日常教学工作进行监督和服务，但不再对高考成绩负责。

"三权分立"使各个层面的人都有权力，也都受到制约。这样，不但各有权力，也各有责任。于是，不公平不公开的事情就很难再出现，教师的心理也就相对平衡起来。少了纷争，教师便多了向上的动力，即使有竞争，也是良性而为。其实，每位教师都具有很大的发展潜力，如果为其提供积极向上的环境，这种潜力就会越来越大；相反，潜力就会越来越小。

（3）竞技规则，严格区分

钟子俊认为，学校的管理更需要学习体育竞技的规则，即运动员和裁判员的职责必须严格区分开来，运动员不能当裁判员，裁判员更不能上场参加比赛和上台领取奖杯。虽然道理简单，但许多学校在管理中却做不到，甚至没有考虑到这一点。

钟子俊说，人人都明白的事，未必敢做，未必能做，未必做得好。他通过"包产到户""三权分立""竞技规则"这三方面综合施策，让管理体制改革步入正轨。

看来，管理体制的改革，不但需要无私与勇气，还需要智慧与方略。文中所说的这三个方面，当是学校管理制胜的法宝，只要真正"拿来"，都会产生相应的效果。可惜的是，经验虽在，效果虽在，真正取经用之于本校者，还是"几希矣"！

2. 责任到人，人人自"危"

（1）责任一对一，考核不能乱

钟子俊说，责任到人，就是要做到责任一对一，这又是问题的另一个方面。要责任到人就要解决两个问题，即考核混乱和分配不公。

考核混乱是指个人自评、小组互评、领导打分等都是人为控制。这样做的后果是非常严重的。分配不公包括工资待遇搞高位多得，职称申报搞论资排辈，岗位定级搞人情关系，评优评先搞轮流坐庄。整个薪酬体系与高考无关，造成的后果是难以估量的。

钟子俊所说的考核混乱恰是当下学校考核的常见想象。其实，细细一想，其中的人为因素何其大也！尤其是"潜规"暗流涌动的时候，还有什么科学与公正可言！分配不公的情况也是屡见不鲜，尽管有人也认识到其中有一些不合理的地方，可是，久而久之，大家也就认可了这种分配办法。而真正想干出一番事业者，会在这种考核混乱与分配不公中心灰意冷，他们曾经的热血沸腾也会变成漠然冷淡。当更多的教师没有了主动积极向上的心态，学校工作每况愈下也就可想而知了。

（2）考核四不搞，"分数论英雄"

钟子俊认为，解决上述两个问题的突破点是教师的绩效考核。文山州第一中学教师的绩效考核，不搞"德、能、勤、绩"，不搞人为评议，不搞投票表决，不搞所谓的"潜规则"。

其实，之前所谓的"德能勤绩"考核，已经被虚化了；所谓的"人为评议"，已经被随意化了；所谓的"潜规则"，已经被投机化了。这些问题不彻底解决，调动教师的积极性也就无从谈起。

文山州第一中学绩效考核的理念是"以考核分数论英雄"。钟子俊说，用学生的考试成绩和综合素养来考核教师，对绝大多数教师来说是公平和公正的。经过广泛的讨论，教师们接受了这一理念。

（3）正确引导考核，提升生命能量

那么，怎样用学生的成绩和综合素养来考核教师呢？钟子俊说，问题的关键是，将不同的学科统一在一个考核平台上，将不同的年级统一在一个考核平台上，将不同基础的班级统一在一个考核平台上。学校的绩效考核每学期进行一次，最终就以学生的期末考试成绩和综合素养分数为依据来进行计算，计算精确到小数点后两位数。

科学的数据最有说服力，也最有感召力。当人为因素被剔除之后，教师们就可以全身心地投入到教育教学之中去，用自己的努力提升学生的考试成绩。其实，现在一些学校甚至个别名校高考成绩不太理想的一个重要原因，就是教师没有将全部精力集中到教育教学上，甚至将很多时间与精力投到了人际关系和其他杂事上。长此以往，非但学生考试成绩上不去，教师的人心也涣散，进而也会对学生产生一些负面影响。

钟子俊认为，绩效考核是整个薪酬体系的大纲，纲举才能目张。绩效考核包含下列内容：工资的发放、职称的晋升、年度的考核、岗位的确定，以及评优评先等。绩效考核一完成，所有的工作就出结果了，省去了后续复杂的程序。

一些学校出现的问题恰恰在绩效考核上，由此产生的矛盾往往还会持续很长时间。所以，构建一套科学的绩效考核体系，当是学校发展之本。开始建立这套体系的时候，首先要有调查研究，要有利弊得失的分析，要有科学的预测等。可是，新型绩效考核制度的建立有一劳永逸的效果，也为教师持续向上提供了一种不竭的动力。

据钟子俊介绍，学校所有关于绩效的规则和计算方法，大家都是清楚的。想要拿高工资、评上高级职称，想年年当先进，这些目标都可以通过自己的努力得以实现。当人人都这样想、这样去做的时候，学校的发展自然步步攀升。

目前，不少人在研究高效教学，很多人研究出了不少高效教学的方法与技巧。可是，如果不能打开每位教师内在动力阀门的话，尽管也可以产生一定的效果，但是，不可能产生如此巨大且持久的效果。因为人的因素才是第一生产力。当所有的教师都将个人发展与学校发展联系在一起的时候，就会爆发出巨大的生命能量，也就会产生令人意想不到的效果。

（4）改革要有大框架，问题要找关节点

钟子俊说："我们的改革，包含一个体制一个机制，即包产到户的体制、绩效考核的机制，组成了整个改革的大框架。"俗话说，骨架对了，血和肉才有意义。

好的体制与机制，可以让原来优秀的教师更优秀，让原本不优秀的教师主动地走向优秀。相反，不好的体制与机制，则会让优秀的教师不再优秀，不优秀的教师更加平庸。只有构建好的体制与机制，才能让教师各显其能，让学生提高考试成绩及综合素养。从这个意义上说，钟子俊可以说有很大的功劳，因为他所构建的体制与机制，不但提高了学生的学习效率，提升了升学率，而且还让教师在教学中获得了成就感。

六、东北师范大学大连保税区实验学校的体制机制改革

2017年9月《关于深化教育体制机制改革的意见》（以下简称《意见》）发布，这对有志于进行学校体制机制改革的教育者来说，是莫大的鼓舞和有力的支持。

在东北师范大学大连保税区实验学校的推动下，中国（辽宁）自由贸易实验区大连片区发挥"先行先试"的政策优势，落位社会治理创新的片区使命，认真学习研究了《意见》的精神，聚焦"办好人民满意的教育"的深层问题，于2019年8月在东北师范大学大连保税区实验学校拉开了教育体制机制系统改革创新的序幕。

在短短两年时间里，学校在全员聘任制、奖励绩效工资、教师量化考核、建立共治共建共享的家校新型机制、创新党组织领导下的校长负责制、引入第三方专业评估机制、建立学校联席会领导下的校长负责制等改革领域全面出击，取得了令人满意的成果。囿于篇幅，本文只从以下三个方面进行述评。

1. 全员聘任制破解编制瓶颈

东北师范大学大连保税区实验学校建校之初，区里仅为学校批准了少量的启动编制。3年过去了，学生越来越多，但教师编制总量却无法增加，受编制限制不能招聘教师。

可喜的是，大连金普新区全力支持学校的体制机制改革，赶在2019年秋季学期开学前召开第13次新区主任办公会议，通过了《东北师范大学大

连保税区实验学校教育体制机制改革创新方案（试行）》，强调要"以增强教育发展活力为核心"，严谨推进，确保成功，并以正式文件的形式下发执行。学校据此在当年就一举招聘了30名合同聘任制教师，破解了教师严重紧缺的困局。

在选聘这30名合同聘任制教师和疏解待遇等相关问题的过程中，形成了合同聘任制教师的编制由谁管理，按照什么样的标准来审核批准等切实触及体制机制的改革新需求。谢新峰校长向新区教育和文化旅游部门、管委会的领导进行了多次汇报，管委会多次召开由编制、人社、教育、财政等相关部门参与的协调会。根据协调结果，教育和文化旅游部门党组向金普新区管委会提交了《关于解决东师大连保税区实验学校若干问题、全面推进教育体制机制改革的请示》，管委会书记和主要领导都在文件上签字同意，并要求注意总结经验。这标志着改革取得实实在在的突破，学校的编制等问题迎刃而解。文件明确规定，学校合同聘任制教师的编制由教育和文化旅游部门遵循"学校小班化、高品质办学"的需要执行相关标准核定审批，由学校在金普新区教育行政部门的监督下自主招聘。经教育和文化旅游部门与学校深入研究后，最终形成了以国家教育部门提出的"班师比"以及辽宁省提出的适当增加"教学改革编"和"女教师产假、教师脱岗培训编"的标准核定并审批学校教师编制数量的办法。

目前，学校编制总量相

谢新峰

对充足，不仅消灭了大班额，而且还将小学和初中的班额分别控制在40人和45人之内的国家标准班额的上限；不但开足开齐了国家课程，而且校本选修课程和社团课共开设了30多门。

不仅如此，编制问题的解决还实现了"三个一"和"四个相同"，让全员聘任制改革快速运行了起来。

所谓"三个一"，就是一个不变，一个转移，一个下放。

一个不变，就是公办学校体制机制不变，尽管实行合同聘任制，并取消了教师的事业编制，但学校公有体制以及经费由财政支付并没变。

一个转移，就是教师编制从编办转由教育行政部门核定，实现了教育行政部门能自己主导学校的发展权的权力架构。

一个下放，就是将选聘教师的自主权下放给学校，教育和文化旅游部门在审批完学校的编制数后，学校根据实际需要自主组织教师招聘工作，教育和文化旅游部门只派人监督。

学校自主招聘教师，解决了以前的疑难问题。比如，小学高年级和初中女生的体育课教学，最好由女教师担任。为此，学校就按照这样的方向与标准到大学招聘，并如愿以偿地招聘到了理想的女体育教师。如果没有体制机制改革，这只能是一厢情愿的幻想而已。

"四个相同"，就是教师的工资待遇、职称评聘、评奖评优、晋级晋职等，与其他没有进行改革的同类公办教师相同，而奖励性绩效工资还有了适当提升。

学校原有的公办教师怎么办？愿留愿走，由教师自主选择；能否继续聘用，则由学校来定，从而实现了真正意义上的双向选择。想走的教师可以被重新安置到金普新区相应的公办中小学工作，还在某种程度上解决了新区教师紧缺的问题。

同时，学校还打开了面向全国招聘优秀教育人才的缺口。大连市有优渥的人才引进政策，学校利用现有的编制，正式发布公告面向全国引进教育高端人才，进而提升学校的教育品位。

有的学校担心全员聘任制改革会产生矛盾而犹豫徘徊，可谢新峰校长说，全员聘任制改革不但不会制造矛盾，反而能消解矛盾，可以释放学校的用人活力，激发教师巨大的工作热情，从而让学校获得更好的发展。

2. 绩效工资制激发教师内在动力

教师的奖励性绩效工资的人均标准，是政府部门拨给学校经费的一个依据，学校不能将这些奖励工资平均分给教师。可当下不少学校却采取了平均分配的方法，结果导致了干好干坏一个样，甚至干与不干一个样。由此大大打击了教师工作的积极性，只有了平均所分之钱，而没有了积极而为之"效"。

中国（辽宁）自由贸易试验区大连片区为了落实关于切实提高教师待遇的要求，提出在改革中提高教师工资。教师虽然普遍地增长了工资，可积极性并没有随之水涨船高。为此，学校将片区增长的工资转放于奖励性绩效工资里面，进一步加大了绩效分配力度，从而大大调动了教师工作的积极性和主动性。

学校根据多劳多得、优绩优酬的原则，实行绩效工资制改革，对奖励性绩效进行二次甚至三次分配。教学是教师的基本工作，因此学校以课时津贴为基础，衡量备课、批改、辅导等工作的绩效标准，实现了全体教师依据工作量发放多少不等的奖励性绩效工资。

同时，学校大幅度提高班主任的岗位津贴，激发他们工作的积极性。片区内的班主任岗位津贴人均300元，学校将其提高到1000~1400元。发放的一个依据是班级的学生数量，因为学生数量多少与管理难度有着某些联系。另一个依据是教师的工作能力。二者加在一起，就形成了班主任的岗位津贴发放依据。

教师绩效工资改革方案的实施涉及全体教师的切身利益。学校反复向全校教师征求意见，并组织召开学校教职工代表大会，最终教师绩效工资改革方案获得了全票通过。于是，教师工作的优劣，当月便在奖励绩效工资上有了体现，教师的绩效工资最低的一个月2000元左右，最高的则达到6000多元。

不仅如此，学校还把每年二月份和八月份两个月放假期间的奖励绩效工资收上来，建立了教师校内奖励制度。根据考核评价和综合评定，最后给予教师奖励，既有奖状和证书，也有奖金，这便自然建立起一个校内的奖励系统，有标兵教师、优秀教师、标兵班主任、优秀班主任等奖励项目。全校教师获得奖励的比重占到70%以上，也就是说，只要努力工作，得到奖励就不成问题。单项奖最高标准是5000元，最低标准是200元。学校的年终奖也根据考核结果发放，如果哪位教师考评不合格，就只能与年终奖擦肩而过了。基本合格者发年终奖的80%，合格者发放全部年终奖，优秀者发年终奖的120%。

谢新峰校长欣喜地说，绩效工资制改革大大调动了教师工作的积极性，即使以前不愿多承担工作的教师，也主动要求增加工作量，积极奋进成了绝大多数教师的内在需求，从而在全校构建了积极向上的教学氛围。

3. 量化考核机制让评价更具科学性

不管是全员聘任，还是奖励绩效工资的发放，都要有公认合理的依据。这就需要解决科学评价的问题。为此，东北师范大学大连保税区实验学校建立起了"6543"教师量化考核机制。

（1）所谓"6"，是指六项考核内容，包括师德师风、专业能力、工作业绩、常规工作、专业发展、出勤情况等，每一项内容都有科学而又可操作的标准，在这个基础上，最终换算出相应的考核分数。

比如，对教师师德师风的考核，其中就有家长对教师尤其是班主任师德师风满意度的测评。为此，学校专门制作手机软件，由家长匿名将评价意见发到手机软件之上，软件即可自动计算出某个教师总的考评分数。这种线上测评具有很高的隐秘性，即使学校领导也无法得知家长评价的情况和具体分数。因此，家长评价的时候完全可以按照自己的意愿对教师进行测评，从而得出真实的量化分数。为了促进教师自觉提升自己的教学水平能力，学校将测评结果一对一地反馈给教师。

这对所有教师释放出一个强烈的信号：只有深爱学生且具有敬业精神的教师，才能得到家长好的评价。这让原本优秀的教师更加优秀，也让以前对学生不太关注和不敬业的教师反省自己，以期在下一次的家长测评中也能跻身优秀者之列。

这一举措不但杜绝了教师私自办班的问题，也让学校的课后延时服务得到很好的落实，学生在校即可在教师的指导下顺利完成作业。这样做既减轻了学生的学业负担，也增加了他们的自由支配时间。

（2）所谓"5"，是指教师量化考核评价具有五种技术，可以通过不同方式，对上面所说的六项考评内容进行科学有效的测定。

（3）所谓"4"，即四个评价主体。

第一个评价主体就是学生家长。让家长对教师进行评价是当前讨论比较多的话题，让他们评什么、怎么评、评价的结果怎么用等问题也一直处于争论之中。谢新峰校长认为，家长关注和了解的是教师的师德师风，因此要把师德师风的评价权交给家长。需要说明的是，在评价师德师风的时候，一、二年级学生的家长还兼有教学满意度的评价任务。

第二个评价主体是评委会，主要任务是进行课堂观察。他们深入每个教师的课堂听课，通过不同层次的课堂教学评价表，以打分的方式量化评价每个教师的教学能力。

为此，学校根据教师的教龄建立了课堂教学观察和研究制度，通过教师的汇报课、展示课和研究课进行观察与研究。不过，学校明确告诉教师，课堂教学观察并非只是为了考评，更主要的目的还是为了促进教师教学水平的提高。因此，考评之前，学校就把具有引领性的考核评价标准发给所有教师，让他们各自循着更好的发展方向前进。为此，学校允许教师为了上好一节课而反复打磨，正是在这种磨课中，教师才会有更多的感悟和更大的进步。

同时，学校还有常规检查、考勤统计、通过教案考察教师备课的情况、基于标准的教学质量分析等多项考核内容。

此外，通过学生作业考察作业量以及教师批改作业的情况，解决了学生课外作业负担过重和教师批改作业不认真的问题。

第三个评价主体是学生，主要任务是要对教师进行课堂教学的满意度评价。学生对教师教学水平的高低有着直接的感受。有了学生的评价，教师在备课教学的时候，就必然要考虑是否适合学生的需求。为此，他们就要主动地听取学生的意见，不断地改进教学方案，乃至变革教学方式和学习方式，从而真正实现高效教学。

第四个评价主体是教师。教师们长久相处，对于彼此各个方面的情况，有着更为深入与真实的了解。同事之间的评价，还会在无形中增进彼此之间的关系，让孔子所说的"君子成人之美，不成人之恶"变成现实。

通过以上四个评价主体的评价，最终形成对教师评价的一个科学的、基础性评价数据。

（4）所谓"3"，是指考核评价的结果有三种用途，即教师量化考核评价所得出的结果与教师的评奖评优、职称评聘、解聘续聘等直接挂钩。

在学期结束之前，学校召开考核评价组、家长委员会负责人共同参与的考核评价委员会，根据考核评价指标，公布对每个教师的评价结果和评价意见。据此，学校决定对哪些教师继续聘任，对哪些教师不再聘任。

这种科学的评价结果，鼓舞了继续受聘教师的干劲，也让被解聘的教师在反思其过之后，再在其他学校教学的时候更加努力。

谢新峰校长说，为了做到公平公正，全校统一了评价标准，对不同类别的教师建立了不同的评价制度，并向全体教师征求意见，经过学校教职工代表大会通过后，以学校文件的形式将这一改革方案固化下来。

过去传统的评，往往不知道该评什么，不知道由谁来评，不知道如何评，评完之后不知道该怎么用。而"6543"评价系统，则有效地解决了以上的所有问题。这样的"评"具有实实在在的价值。

第七讲

身心健康，高效之基

身心健康与精神状态会影响学生的学习效率。那么，如何让学生乐在其中又健康成长，就成了教育领域的有志之士需要思考的一个重大的课题。

吃得好、睡得好、身体好、艺术学得好、心理素质好、玩得好这"六个好"，不但破解了这个课题，而且在教育教学实践中取得了具有推广价值的经验。

这"六个好"彼此之间并非逻辑上的并列关系，而是有着环环相扣的内在联系。比如，学生经常锻炼的话，大多也会身体健康；学生身体健康，往往心情也会比较好；而学生心情好了，不但可以吃得好和睡得好，也能大大提升学习的效率。"六个好"不但会让学生当下有一个优质的生命状态，还会为其未来发展好奠定下良好的基础。"六个好"指向的是为学生的一生幸福奠基，对学生的终身发展负责。从这个意义上说，"六个好"是一个系统而科学的工程，是学生高效率学习的必备条件，也是其更好地成长并走向成功的重要元素。

一、任丘京师学校：学生吃得好

吃得好，对学生的身体健康和成长起着举足轻重的作用。因此，吃得好，就成了学校工作的重中之重。任丘京师学校在这方面积极而为，让学生既吃得健康，又能因美食而心情愉悦。

1. 绝对安全

安全是学校的大事，而食堂则是易出隐患的重要场所。重视用餐安全，几乎成了所有学校研究的课题。任丘京师学校心系学生，从细处着手，多措并举，让安全隐患无藏身之处，做出了品质，也做出了品牌。

（1）食材采购与验收

任丘京师学校在采购食材的时候，不但认真调查卖方的诚信度，而且每次采购一律索要票证。这样一旦出现问题，可以随时追根溯源，将卖方记入不诚信客户，永久不再进其食材。这样，也在某种程度上让卖方小心为之，增强诚信意识。

据学校总务办公室主任吴博欣讲，将食材采购到学校，并没有万事大吉，还要分三级验收：第一级是食材进入食堂门口的时候，由厨师、厨师长和采购人员共同验收食材；第二级是进入食堂之后，厨工在处理食材的时候再次进行验收；第三级是厨师做菜的时候，即食材入锅之时，进行最后一次验收。不管在哪个环节发现食材不合格，学校都会毫不犹豫地立马退货，斩断不安全的食材流入学生餐桌之路。

据后勤副校长边巍讲，除了三级验收之外，食堂负责人、资产负责人、学校总值班人员，甚至学校的领导，有时也会不打招呼地出现在验收现场，他们"吹毛求疵"地看来看去，给验收平添了几分严肃的气氛。

马新功校长说，虽然每天有大量食材进入学校食堂，但只要细心，有责任心，有对学生负责的安全观，有细之又细的安全规避流程，就不会出现食材安全问题。

（2）消除一般人看不到的安全隐患

有的学校负责人员以为只要解决了食材安全问题，便可以高枕无忧了。其实，有些看不见的安全隐患，未必在当下显现出来，可它却有着潜在的危险性。为了真正做到对学生负责，对这些看不见的安全隐患同样应当高度重视。

吴博欣主任说，由于有些半成品食材在加工过程中加入了食品添加剂，不但做出菜来少了原始味道，而且有可能因为添加剂加得太多或质量不高，影响到学生的身体健康。所以，学校不图省事，绝对不进半成品食材，一律使用新鲜蔬菜。

对此，餐饮处负责人、国家注册营养师郭海良进一步解释道，有些半成品食材是合成提炼出来的，吃多了会对人体排泄产生不良影响，久而久之，会形成肥胖症以及某些疑难杂症。虽然当下显现不出问题来，但在身体里埋下健康隐患，会对学生的健康产生影响。

厨师长说，师傅做荤菜的时候，菜板、刀具等工具上面往往会有一些油渍，平时人们习惯用洗洁精进行清理。可是，任丘京师学校食堂却从来不用，因为洗洁精里有一定的化学成分，侵入人体后可能会破坏人体的免疫功能，引起一些不适症状，在一定程度上影响学生的身体健康。这一点往往容易被人们忽视。微量污染持续摄入体内，积少成多则会导致人体的各种病变。所以，食堂的师傅绝对不使用洗洁精，而是使用食用碱和开水进行杀菌去油，再使用消毒柜消毒。

学校食堂每天有6000多人用餐，食堂师傅每天都要做大量的馒头，出锅之后为防止变凉，需要用布覆盖。一般来说，食堂多用塑料布，以便清洗和打理。可考虑到塑料布或多或少会对学生的身体健康产生不良影响，学校食堂用的是传统的棉纱布，尽管清洗起来费时费力，但不会对学生的身体健康产生影响。

边巍副校长认为，这些事看起来不大，可对学生来说却是天大的事情。每个看似很小的安全问题，都有可能影响到学生的健康成长。所以，学校领导、教师和员工，全都和学生吃一个锅里的饭菜，且全员陪餐。这样，如果发现某个安全隐患的苗头，可以尽早地将其消灭于萌芽状态之中。

2. 种类丰富

吃得安全并非"吃得好"的全部，而是一个起点和必备条件。除此之外，还需要做到营养丰富，让学生吃出美味来。

（1）三餐两点

任丘京师学校实行的是三餐两点制。三餐，即早餐、中餐和晚餐；两点，即上午的水果和晚上的加餐。早餐是一荤一素，午餐是两荤两素，晚餐是一荤两素；早餐与午餐之间有水果，晚上有牛奶和点心。

（2）精选菜谱

学校专门聘请具有国家级营养师资格证的一位专家作为厨师长，由他精心研制不断变化的菜单。目前学校食堂已经推出500道菜品，一周之内几乎很少出现重复的菜品，从而保证了餐品种类的丰富性，使得荤素搭配相得益彰，每餐都能够让学生品尝到心仪可口的美味佳肴，加上应季的水果和适量的粗粮，能够让学生补充到充足的营养。

（3）科学用餐

厨师长说，他在一周不少于两次的"巡视"中，发现有些学生得知中午有自己爱吃的鸡腿或丸子等美味的时候,早餐就吃得很少,有些学生甚至一口都不吃,以便午餐时大饱口福。有些女生为了保持身材,常常不吃晚餐。

为此,厨师长就与这些学生的班主任沟通,但仍有个别学生对班主任的劝导表面听从,用餐时依旧我行我素,厨师长就走到其餐桌前,对其晓之以理地进行劝说,直至达到目的为止。

菜谱也根据季节的变化而变化。在春秋两季,食堂的汤品中多有雪梨汤和银耳汤,因为它们可以起到止咳润肺的作用。在炎热的夏季,食堂会提供西瓜和大量的绿豆汤。在寒冷的冬季,热乎乎的粥也就多了起来,而且种类丰富,有皮蛋瘦肉粥、八宝粥等很多种类,加上脂肪含量偏高的坚果类食品,给学生提供充足的热量。

3. 文明用餐

孔子所提倡的"食不语",在任丘京师学校的食堂里已经变成了现实。偌大的食堂,数千人同时用餐,却几乎听不到学生说话的声音。这让前来参观的外校领导与教师大为惊讶。

马新功校长笑着解释道:"我们所说的吃得好,不只是吃得放心和吃出物质美味来,还要吃出精神美味来。"

分管德育的王校长对学生用餐还提出了"三净无声"的要求,即用餐之后,保证做到餐具、桌面和地面干干净净,吃饭的时候做到寂然无声。

为此,学生在打饭菜的时候,多会适可而止,吃的过程中感觉量不够时,

马新功

再举手示意让餐厅工作人员帮忙加餐。这样一来，既减少甚至杜绝了浪费，而且也减少了厨余垃圾，为食堂工作人员"减了负"。学生用餐的时候不是狼吞虎咽，更不会慌慌张张，而是细嚼慢咽。即使不小心把饭菜掉到饭桌或地面上，学生也会立即捡拾起来并打扫干净。因此，除了少许的不得不扔的鸡蛋皮等，几乎看不到其他垃圾。

长期文明用餐，还会形成一种习惯，进而升华成一种文明用餐的文化。

边巍副校长对笔者说，要想让学生吃得好，学校食堂没有实行承包制，领导和师生在同一餐厅用餐。同时，实施5s管理、垂直管理、双岗制厨师、末尾淘汰制等管理办法，从而提升了餐厅管理的层次与菜品质量。

由此观之，任丘京师学校食堂被评为河北省的A级食堂，绝对是名副其实。不少家长的口口相传，更让食堂的美誉度与日俱增。

吃得好既让学生身体更加健康，也让他们每天都能享受因美食而带来的快乐，从而在学习的时候能抵达高效的境地。

二、瑞安市新纪元实验学校：学生睡得好

瑞安市新纪元实验学校十分注重学生的睡眠，学校的学生不仅睡得好，学习效率也格外高。

充足与高质量的睡眠，可调节生理机能，维持神经系统的平衡，缓解疲劳，调节压力，使人精力充沛，保持健康，提高学习效率。瑞安市新纪元实验学校规定并保障小学生、初中生和高中生的睡眠时间分别不少于10个小时、9个小时和8个小时，从而提升了学生的健康水平与学习效率。

1. 服务学生睡眠

有些学生在家没有养成良好的睡眠习惯，尤其是初入学校的学生，要求其自觉地按时入睡，往往比较困难。为此，学校采取了24小时服务学生睡眠的办法。行政值日人员察看学生入睡和起床的时间，专职巡夜人员观察学生睡眠的深度，生活老师和任课老师与他们对接后，全面掌握学生睡眠的情况。

有了充足的睡眠时间与良好的睡眠质量，学生不仅在上课时注意力更加集中，而且提高了身体素质。

2. 创设温馨之"家"

新生刚开始住校时往往会很不适应，心中会有不安感。为此，学校让学生按照自己家的感觉设计、布置寝室，从而让他们有了归属感。于是，一个个具有不同个性的温馨之"家"应运而生。

学生走进宿舍之后，会有一种亲切感和熟悉感，感觉宿舍有种家一样的温暖，从而冲淡思家之情，自然而然地生出一种归属感。

叶绍胜

3. 三步管理法

学校还别出心裁地把学生睡眠作为一个课题来研究，摸索形成了睡眠三步管理法。

第一步是管理睡眠，即通过严格的作息管理，让学生养成集体入睡的好习惯。当绝大多数学生酣然入睡的时候，极个别尚未入睡的学生也会不由自主地进入梦乡。

第二步是计划来日方长，即不强求"今日事，今日毕"。对于没有完成的学习任务制订好计划后按时去睡觉。有些学生由于当天学习任务未能完成，会因此产生心理负担而难以入眠。经过教师的开导后，他们不再焦虑，而是学会了制订计划并将当天未完成的学习任务放到明天再解决，从而以轻松的心情入睡。

第三步是技术辅助睡眠，即采用睡眠体操、睡眠曲等"导眠"措施。由于"导眠"具有一定的科技含量，不但有立竿见影之效，还会随着时间的推移，让"导"的时间越来越少，从而使学生入睡的时间越来越快。

叶绍胜校长认为，睡得好，不只是睡足了觉，还要睡出品质，睡出学生的自理能力，睡出学习的高效率。

三、青岛古镇口海军中学：学生身体好

青岛古镇口海军中学（以下简称"海军中学"）不仅有海军之名，更有海军之实。尽管这里的学生未来不一定要当海军，可学校却要培养他们海军一样的健康体魄、阳刚血性、坚毅品格、担当精神和家国情怀，以及良好的行为习惯。

高中部校长聂金海说，海军中学学生的体育锻炼项目与强度都体现出海军特色。一日三操从不间断，早上起床之后有早操，上午大课间跑步3000米，下午大课间开展趣味性体育活动。学校要求学生在半学期内人人学会跳绳、踢毽子，还要开展个人跳绳表演、集体花毽比赛等，从而增强了学生的柔韧性和韵律感。上半学期，学校又组织学生学习军体拳和第九套广播体操。军

体拳体现海军中学的军事化管理特色，第九套广播体操韵律感强、运动量大。下半学期，学校开设韵律操和啦啦操课程，还开展了远足拉练和十公里越野等活动。在整个过程中，学生们互帮互助，没有一个学生掉队，从而磨炼了他们的意志。

海军中学组织的具有军事特色的体验活动，更是一道独特的风景。学生们像战士一样自己打好背包，穿上迷彩服，背着背包进行拉练。拉练过程中，学生们感受到了作为一名"军人"的无限自豪感。

1. 每个学生都要学会游泳

学校党委书记黄毅对笔者说，学校建设和购置了大量体育设施，以提高孩子的身体素质。游泳也是学生的必修课，气势恢宏的游泳馆里常常能看到学生的矫健身影。

说起海军，黄毅的脸上就情不自禁地显现出自豪的神情。他说，海军在军舰上，即使狂风怒吼也屹立不动。而海军中学的学生，虽然不是真正的海军，可他们要像海军那样拥有顽强的毅力和雄心壮志。

2. 跆拳道、攀岩和击剑场上显见英雄本色

为了培养学生的英雄情结、铁血个性等品质，学校特别重视学生健康体魄的锻造和培养他们不畏艰险的精神。

笔者走进学校体育场馆里的跆拳道场地时，看到学生们正在进行格斗与对抗。刘金水校长说，我们通过跆拳道训练来培养学生的临危不惧、果敢向前等优秀品质。

除了跆拳道，学校还开设了许多充满挑战、磨炼意志的运动项目，比如被称作"峭壁上的芭蕾"的攀岩，对于初学者来说，无疑是一项巨大的挑战。学生需要在岩壁上连续完成转身、引体向上、腾挪甚至跳跃等动作。

刘金水校长说，攀岩的意义不只在于攀登到顶点，还在于在不断攀爬中培养学生努力向前、不怕困难的坚强意志。学生在进入初中后，甚至在小学高年级时，就被要求参加攀岩训练了。

我们在电视上看到击剑比赛的时候，往往感到惊心动魄。海军中学也开设了击剑课程，让学生在击剑中挑战自我。在瞬间的搏击中，双方都要在有限的时空里迅速地做出反应，以便战胜对方。这就要求击剑者必须集中精力，同时具备快速反应能力，这项运动无疑对学生的智力发展以及增强身体素质都有很大的帮助。

刘金水

同时，经常参加击剑训练者，还能养成终生受用的习惯。他们即使面对险情，也不会惊慌失措，而是表现得沉着、冷静，并迅速做出相对正确的判断。更重要的是，这种临危不惧且从容应对的能力还会在长期的训练中逐渐转化成一种本能，从而形成即使身处绝境也可以突围制胜的智慧。

海军中学总校长刘金水说，正是因为像海军一样去训练、学习、生活，海军中学的学生个个身体强健，精神饱满，学习效率越来越高，考试成绩、综合素养也呈现出持续攀升的趋势。

四、济南市历城第二中学：学生艺术学得好

济南市历城第二中学（以下简称"历城二中"）不仅学生考试成绩非常好，而且综合素养高，艺术教育也独具风采，赢得了不断前来参观者的高度赞扬。历城二中的学生在全省很多比赛中屡屡斩获大奖，又让这所本已远近闻名的学校闪烁出了更加耀眼的光芒。

那么，这所原本地处郊区的区属学校，何以能有如此的水平与气魄？这成了人们探寻的一个问题。

1. 让学生接受艺术教育

凡事都有源头，历城二中能有今天的成就，还要从校长李新生的成长经历说起。

李新生所就读的小学、初中和高中，都地处农村，几乎没有专业音乐教师，十多年来他所上的音乐课寥寥数节，即使人们耳熟能详的歌曲，他也没有学会一首。

当他升入大学后，看到那些从城市来的同学挥笔可作画、屈指可弹琴、张口可唱歌的时候，他在自卑之中又不免生出无限感慨。

这并非李新生对艺术毫无感知，而是因为他从小没有受过这

李新生

方面的教育与熏陶所致。因此，当时他就萌发了一个念头，如果自己有朝一日担任了某所学校的校长，尤其是农村学校的校长，一定要让学生们接受艺术教育，让其在艺术的殿堂里享受艺术的滋养。

只要朝着梦想不断努力，终有实现的一天。2001年，李新生成为了历城二中的校长。

那个时候，历城二中破败不堪，教学质量低下，是济南市典型的薄弱学校，可让学生接受艺术教育的念头却在他心中愈加强烈。当时的他对艺术教育的认识又升华到了一个更高的境界：艺术不只可以提升学生的审美趣味，还可以陶冶他们的情操，很多时候，它还是德育的一种极其有效的载体。

在他初任校长的时候，尽管学校里尚无艺术专业的名师，可毕竟有几个正式编制的音乐、美术教师。于是，开齐开全艺术课程，便成了学校的一条谁也撼之不动的"法律"。

2004年，李新生校长更是大胆地做出决策，一次性购买了30多架钢琴，并修建了独立的钢琴房，开设了钢琴必修课。2005年，学校又修建了一座独立的小院作为陶艺馆，供学生学习和创作。艺术课程与升学必考的其他科目一样，成为学校的必修科目。

自2018年学校搬进新校区后，又有了规模和配置全国领先的艺术楼、陶艺馆，成立了由近400名学生组成的国乐、舞蹈、合唱三大社团。这些艺术特长生和对艺术感兴趣的普通学生，都在学校的大力支持下在艺术方面有了极大的进步。

2. 不拘一格降人才

2010年的一天，鸭旺口小学音乐教师赵立秋突然接到历城二中校长李新生的电话，李新生在电话中直言要将她调来历城二中。因为李新生校长了解到，赵立秋老师在这个名不见经传的乡村小学一待就是整整10年，别说平时全身心投入到工作之中，就是寒暑假也都泡在学校里。乡村小学没有舞蹈场地，有时学生只好在全是沙土的操场上练习舞蹈。几年之后，她恳请后勤教师在操场上焊了一组舞蹈把杆。为了让农村孩子参加全省舞蹈大赛，她费尽了心思。学生没有像模像样的演出服，她就从鸭旺口的集市上买来一些花被面，又坐公交从济南西市场买来一些花边，利用周末时间和妈妈用缝纫机一起缝制演出服。尽管母女二人拼尽全力，演出服依然没有达到预想的效果。可当这群农村孩子亮相全省舞蹈大赛舞台的时候，还是产生了巨大的反响。这群孩子以他们坚韧不拔的毅力、决不服输的精神和整齐划一的舞步，让所有观众叹服不已。

其实，这只是赵老师在乡村小学奋战10年的一个片段，可我们依然能据此看出赵老师对教学工作的认真和热爱。

能够从乡村小学进入当时已经大有名气的历城二中，又是李新生校长亲自打来电话，赵老师喜不自胜，感动良久。

她说，2010年是她事业的一个新起点，她要报答李新生校长的知遇之恩，一定要把学生培养成既有艺术修养又有良好品行的人。于是，她开启了自己另一段精彩的工作历程。

当时，赵老师的儿子刚满3岁，赵老师在学校不分昼夜给学生排练舞蹈，已无暇照顾儿子，只好让他睡到舞蹈教室的凳子上，直到晚上9点多学生训练结束回宿舍之后，她才拖着疲惫不堪的身子，背着儿子回家。

她对舞蹈训练几乎达到了疯狂的程度，有时她正在家中吃饭，突然想到一个舞蹈动作，便立马放下碗筷，旁若无人地比划起来，以至让家人大吃一惊；有时她正和同事交流，突然灵感袭来，她什么也不说就急匆匆地跑到舞蹈教室，留下一脸惊诧的同事愣在原地。

两年之内，在赵老师的拼命努力下，学校不但建立起历城二中舞蹈团，还一鼓作气拿下了山东省第四届艺术展演一等奖，并获得泰山文艺奖。

在舞蹈艺术之路上拼搏并取得巨大成绩的同时，赵老师自封团长，成立了历城二中艺术团，又把国乐和合唱锻造成了学校的品牌。除了平日加紧训练之外，节假日她也和学生同吃同住同训练。

一般人只是看到舞蹈演员优美的舞姿，在欣赏其艺术美的时候，很少会想到他们背后的汗水和辛勤付出。赵老师说，一般学生很难承受舞蹈训练之苦。所以，平时训练，如果没有教师的严格要求，学生很难将动作做标准。她说，必须狠狠地逼着学生练，更确切地说，既要狠心，又要有爱心，不如此，学生很难在舞蹈的道路上有所成就。

舞蹈《梦荷》有27个版本的音乐，每个版本的音乐都需要一遍遍地修改，然后赵老师和学生们将它们一遍遍地记下，再一遍遍地训练。休说孩子，就是赵老师有时也处在崩溃的边缘。她说，这是一种从崩溃到崛起到重生的过程，也是一个挑战心理极限的过程。可她和学生们都坚持了下来，尤其是当演出取得空前效果的时候，她和学生们拥抱在一起喜极而泣。

赵老师现在担任小学部的党支部书记和初中部工会主席，可她对外的身份却是艺术团团长。更有趣的是，这个团长没有任命书，是她自封的。因为在她看来，这个团长职务是自己的一份荣耀，不管千辛万苦，她都能从中寻到无限的乐趣。有人说，她是为艺术而生的，不过，如果再深入了解她就会发现，她也是为历城二中而生的，为锻造学生品质而生的。在担任艺术团团长期间，让学生感受审美趣味和拥有自信心，且人格得到提升，是她觉得最有意义的事情。

不过，在采访赵老师的时候，她很谦虚地说，自己只是一个普普通通的教师，历城二中的美术、音乐等艺术教师，个个身怀绝技又品行高尚。

美育不仅可以提高学生的思想境界，丰富学生的知识，发展学生的智力，还可以增进学生的身心健康。而美育的载体就是艺术，从这个意义上讲，历城二中的艺术教育，在升华学生审美趣味的同时，也在无形中提升了学生的精神境界。

　　李新生校长说，尽管学习艺术的学生耽误了一些文化课学习的时间，可是，由于有艺术相伴，他们获得了审美愉悦，所以，非但没有影响学习成绩，反而让他们的学习更加高效，综合素养更高，成绩也更加优秀。

五、济南市安生学校：学生心理素质好

　　每一个学生都有着巨大的发展潜能，可是，如果不能有效激发他们体内的潜能，又不能为其提供优质发展的舞台，这种潜能就有可能逐渐消退。济南市安生学校（以下简称"安生学校"）重视学生的心理发展，让学生在心情愉悦的同时，不断激发体内的潜能，在提高学习成绩的同时，也为其未来发展奠定了良好的基础。

1. 没有负担，心灵自由

　　安生学校从建校之日起，就确定了其教育学段从幼儿园一直到高中，贯穿整个基础教育阶段，并积极向市教育主管部门争取相应政策。在从幼儿园到高中的15年间，全部取消选拔性的升学考试。幼儿园的孩子可以直升本校小学，小学部的学生可以直升本校初中，初中部的学生可以不参加中考直升本校高中。

　　学生不仅没有升学的心理压力，而且在升学的时候还可以自由选择。比如，幼儿园孩子可以直升安生学校的小学，但如果他们想到其他小学就读，学校也绝不干涉。小学升初中、初中升高中的学生，也可以自由选择自己想去的学校。因此，初二的时候，学校就分了中考班和直升班，为需要参

加中考的学生提供相应的支持。

武树滨校长认为，只有让学生自由选择，才能让他们的心理更加安定和舒畅。如果让学生们全部选择直升，就有些不公平了，尤其是有些家庭可能无法承受

武树滨

高昂的学费。所以，学校就为这些学生另开一扇升入公办学校的大门。由于安生学校的学生学习成绩普遍比较优秀，即使参加中考，也多能考到自己理想的学校。

为了解决学生心理负担问题，学校还实施了学生管理"三师并行"的策略。学校将每个班级的学生控制在30人以内，除了配备一名班主任外，还有两位学科教师与班主任共同承担管理班级的工作。

所有学生都有权选择一位自己喜欢的教师作为导师，可以从所有任课教师中挑选，可以是语文、数学和英语教师，也可以是体育、艺术教师等。因为班主任尽管尽心尽力，可是往往力不从心，而当每个学生都有了自己的导师后，如果出现心理问题或者与其他同学发生矛盾的时候，他们多会在第一时间去找自己的导师解决问题，从而能很快解决遇到的问题。

由于学校实行的是寄宿制，学生吃住都在校，所以学校也十分注重食育、宿育。学校还为每个班级安排了一个生活教师。如果说白天学生由班主任和导师负责的话，那么晚上则由生活教师负责管理。这样，每个学生都有三位教师负责，即使偶尔出现某个问题，也多能得到及时解决。这样，学生没有了心理负担，学习也变得更加高效起来。

2. 为每个学生搭建绽放精彩的舞台

武树滨校长认为，每一个孩子都有着巨大的潜能，只要为他们搭建相应的舞台，他们都可以绽放出属于自己的精彩。于是，就有了"让每个孩子站在舞台中央"的教育理念。

因为每一个孩子各有其爱好与特长，所以，当他们施展自己才华的时候，学校就要为其提供相应的舞台。而学校丰富多彩的选修课程，就为学生提供了这样一个舞台。比如，棋类课程有中国象棋、国际象棋、围棋等，艺术类课程有陶艺、国画、油画、水粉、版画等，乐器类课程有钢琴、电子琴、贝斯、大提琴、小提琴等，弦乐类课程有单簧管、双簧管、萨克斯、小号、长号、圆号等，还有中文合唱、英文合唱、美声、舞蹈等课程。这些选修课程都配有专门的教室，师资优良，设备先进。

为了培养学生的演讲能力，学校要求所有学生都要走上舞台，做演讲、讲故事、做学术成果汇报展示等。有的学生第一次登上舞台的时候，声音发颤，双腿发抖，可经过几次演讲练习之后，他们便侃侃而谈，从容自若，言语和神态间充满了自信。

学校还开设了美式橄榄球选修课程，所有学生均可报名。报名之前，学校向学生及其家长详细讲解了这一项目存在的危险性：参加这项运动的时候，学生之间可能会发生冲撞，甚至还有受伤的可能。不过，如果熟悉了这项运动相应的技术规则和技术要领之后，就会化险为夷，构建起自我保护系统。为了以防万一，学校要求学生报名时要征得家长同意并让家长在同意书上签字，以免引起不必要的纠纷。结果，竟然有30多名学生报名参加了橄榄球选修课程。经过一段时间的训练后，这些学生不仅掌握了美式橄榄球的技术要领，还在训练中增强了身体素质。

其实，参加任何体育项目，都有一定的危险性，可是如果因为害怕出现危险就不去尝试,并不是解决问题的方法,应该教会学生如何规避危险,如何保护自己。

在全校家长会上,武树滨校长在屏幕上播放了两张照片。其中一张是一个男孩做主持人的照片,他一只胳膊绑着绷带,那是因为他在打篮球时把胳膊扭伤了。他一点儿也不沮丧,反而问老师:"我这个样子还能做主持人吗?"老师回复说:"当然可以,这一点都不影响你主持。"这个男孩听后非常兴奋,他在台上表现得落落大方又自信满满。另一张是一个男孩滑滑板时由于没掌握好平衡,脸上蹭掉了一块皮的照片,但他依然笑着看向镜头。他的家长见到武树滨校长后非但没有对学校兴师问罪,反而高高兴兴地说:"武校长,我儿子之前只要有点儿危险就唯恐避之不及,现在他终于变得勇敢了,有男子汉气概了,我们全家人都很开心。"

武树滨校长对家长们说,温室里的花朵永远长不成参天大树,只有在大风大雨中历练才能真正成长。况且,孩子们正是在这种看似危险的运动中,学会了如何规避危险,培养了直面困难和勇于探索的品质。这对他们未来的成长将起到极大的作用。

学生在各种各样的舞台上挥洒汗水的时候,也在不知不觉中学有所成、技有所长。尽管学校没有专业篮球队,只有一个由初中学生组成的篮球社团,可是,在高新区举办篮球比赛的时候,这群初生牛犊不怕虎的孩子却要报名参赛。体育老师被学生们的精神鼓舞,提出每天晚上进行一个小时的篮球训练。一个多月后参加比赛,他们竟取得了亚军的好成绩,与冠军仅几分之差。这让学生们信心大增,不但更加积极地投入篮球训练之中,而且在学习等各个方面也有了不同程度的进步。

这支由初中学生组成的篮球社团取得如此优异的成绩,让不少学校感到惊奇。有些学校的校长便问这些学生练习了多少年的篮球。武树滨校长说他们只是一个篮球社团,只在选修课时间训练。在场的很多人都为这些学生能在如此短的训练时间内取得如此好的成绩而感到震惊,并由衷地为他们的精神点赞。

学校开设如此多的选修课程,并非为了优中选优,培养出类拔萃的艺术生、体育生等,而是为了让学生拥有一个终身受益的体育爱好,提高审美趣味。尽管在某些赛事中,安生学校表现突出,成果丰硕,为学校争得了荣誉,可武树滨校长认为,这只是学生成长过程中的一个副产品而已。

学生的自信与阳光不只在体育场上显见出来,在平时的课堂学习与日常生活中,也无不显露出这种积极向上的品质。

一天,济南市教研员到学校初中部听课和指导工作,他们没有看到学生桌子上堆积如山的复习资材,课堂上也没有某些学校那种沉闷的氛围。学生们不但积极地回答教师提出的问题,有些学生还对教师所讲内容提出质疑,并与教师进行讨论。当小组合作学习的时候,学生们不但彼此热烈地交流,而且当教研员走进某个小组的时候,学生们竟然将他们也拉到身边,要和他们共同商讨问题。这令他们欣喜不已,他们辛苦寻找的现代好课堂,不就应当是这样一种景象吗?

每个学生都有属于自己的优势和特点,安生学校善于发掘学生身上的潜能,并为他们提供绽放精彩的舞台,让其自身美好的天性显露出来,让不同的花朵绽放出不同的精彩。

武树滨校长经常给教师们讲,如果你认为某个学生成绩不佳,那么,在与其谈话之前,必须先从其身上找到 10 个优点,对其真诚表扬之后,再提出不多于两条的建议。这样,就会在学生的心里构建起一种被认可的感觉。久而久之,这个学生原有的优点就会被不断放大,而身上存在的问题也会被正视和改正,从而拥有更多的优点。武树滨校长告诫教师们,在和家长谈话的时候,如果哪个家长一开始就说自己孩子的缺点,就要打断他,明确告诉他,你的孩子有很多优点,教师要先讲学生的优点,再指出学生的问题。这样,会让家长感受到学校和教师对孩子的信任与期待,从而也对自己的孩子拥有信心。

正是这种持续不断的积极心理暗示,才让自信在每一个学生的心里安家落户。学生一旦有了自信,即使学习成绩暂时落后,也能在之后的学习中迅速赶上来,还会在其他方面有突出的表现,让他们充满自信地走向未来,乃至成为某个领域的人才。

安生学校关注学生的心理,培养他们乐观自信的品质。学校认为,每个学生的身上都有闪光点,在这里每个学生都得到了充足的发展。从这个意义上说,安生学校所推行的这种教育模式,才是真正意义上的教育,才是有益于学生当下身心健康、未来走向成功的教育。

六、东营市利津县第二实验幼儿园:孩子玩得好

玩是孩子的天性,这似乎是一个不争的定论。但是玩什么,怎样玩,社会各界却是众说纷纭,没有统一的定论。东营市利津县第二实验幼儿园(以下简称"利津二幼")既不学西方,也不走城市化道路,而是因地制宜,自主研发了各种各样的玩具设施,通过具有"生态、传统、挑战、探索、快乐"精神的儿童传统游戏和儿童户外野趣游戏,构建了一个"土"味十足的儿童乐园,不但让孩子每一天都玩得快乐,而且还玩出了品质,玩出了幸福。

1. 玩出天性、快乐

有些孩子初到幼儿园时,往往不适应,甚至还会嚎啕大哭,有些孩子连续数日或数周一进幼儿园就哭声不止。出现这种现象的原因有很多,而没有

趣味盎然的游戏无疑是重要的起因。

刚开始进入利津二幼的孩子，也会哭哭啼啼。可是，当他们全身心地进入了"玩"的状态之后，就忘记了之前的不快，以至家长来接他们的时候，还是恋恋不舍，不愿离去。

赵兰会

据赵兰会园长讲，5点20分是家长来接孩子的时间，可有的孩子玩兴正浓，不管父母如何催促，孩子就是不离开玩的场地。为此，赵兰会园长告诉保安人员延长半个小时再进行清场，以便让家长陪着孩子一起继续再玩半个小时。况且，这个时段孩子能够自主选择在什么地方玩，玩什么。于是，孩子自由的天性如脱缰的野马一样奔腾起来，快乐与幸福也一并写在他们的脸上。

可是，有些幼儿园在未放学之前，就有孩子翘首以盼地等待父母来接，以期尽快回到家里。对此，赵兰会园长认为，以前，沙、水、土和积木在幼儿园里被称作孩子玩具的"四大天王"，今天却在很多幼儿园里销声匿迹了，以致有些家长也对这些"天王"望而却步，只好让孩子步入洋玩具的陌生世界。因此，孩子对这些玩具少有兴趣以至感到索然无味也就在所难免了。

令人欣慰的是，利津二幼不但请来了"四大天王"，还创造出了千奇百怪的"土"玩法。因此，但凡进入利津二幼的孩子，早上起床后就闹着要去幼儿园，家长来接的时候依然不愿意离开，那种乐此不疲的样子真是幸福极了。

以前农村的孩子，爬树是其不学自会的技能，笔者小时候在这方面就有着高超的技艺。现代学前教育鼻祖弗里德里希·福禄贝尔说："爬上一棵树对孩子来说，就像打开了一个崭新的世界！"对于孩子来说，那不只是一个崭新的世界，还是一个极其有趣的王国。他们通过不断达到更有高度的地方来拓展自己的能力，挑战自我，建立自信心。孩子们在爬树过程中，既能锻炼身体平衡与协调能力，还能增加勇气。

遗憾的是，现在休说城里孩子，就是在乡村，会爬树的孩子也寥寥无几了。

在利津二幼院内西边，便有一片专为孩子爬树而种植的树林。进入大班的孩子个个精通爬树之道，上树轻松自如，下来更是快速敏捷。更有甚者，认为爬树已不过瘾，想找寻难度更大的攀爬活动，以彰显自己的"英雄"豪气。为此，利津二幼又立起几根又高又滑的铁管子，供孩子们上下攀爬。令大人匪夷所思的是，有的孩子不但可以快速地爬上爬下，而且还能在空中做几个鬼脸或几个动作，让家长和教师惊叹不已。

利津二幼自己研发的大型木制攀爬玩具，也成了孩子们大显身手之处。他们身手敏捷，争先恐后地或把着梯子，或把着绳子，或把着爬网，或把着轮胎，或把着攀岩柱快速而上，然后顺着滑梯一溜而下。据刘令燕副园长说，教师并没有专门教他们如何上下攀爬，孩子们自会摸索出属于自己的攀爬技法。过了一段时间之后，孩子们几乎个个都能自如且快速地上下攀爬了。于是，孩子们有了特殊的满足感与快乐感，也就越发爱上了这样的攀爬项目。因为对孩子来说，每一次向上攀爬，都是一次华丽的探险。

这些游戏不但有益于孩子的身心健康，还会在其幼小的心灵中埋下幸福的种子。孩童时期是生命的起始阶段，让孩子获得充足的快乐在很大程度上决定着其未来生命的走向。从这个意义上说，利津二幼给孩子快乐童年的同时，还为其未来的幸福奠定了基础。

2. 玩出更多品质

利津二幼的孩子在玩的同时，还培养了很多品质与能力，从而给人们以启示：玩，不只是让孩子快乐，还对其整个生命的成长有着巨大的意义。主要表现在以下几个方面：

（1）合作

孩子，尤其是独生子女，享受着家里人的百般宠爱，有的孩子认为好玩好吃的东西都该归自己享有，到了幼儿园里依然如此。某些幼儿园的教师尽管也知道这样对孩子的成长不利，也对孩子进行了引导，可是成效甚微，不愿分享、合作的孩子依然比比皆是。

利津二幼特别关注孩子合作意识的培养。孩子参加的所有活动，几乎全是团队合作模式。如果哪一个孩子只考虑自己，就无法融入团队。

有一个小朋友，每一组都不欢迎他加入游戏，他感到十分委屈，便找到老师讲述了自己的苦恼。老师问其他孩子原因，孩子们说："我们搬运材料的时候，他站在一边不来帮忙，可当我们搭建好了游戏场地以后，他却跑来玩，所以我们就不愿和他一起玩。"于是，老师问他："你想不想加入大家的队伍？以后你会怎么做？"他说："以后我要和小朋友一起合作着玩。"此后，在每次活动开始的时候，他便一马当先地干了起来，玩的时候也能考虑其他孩子的感受了。于是，这个小朋友慢慢地受到了大家的认可，而合作意识也在其心里悄悄落地生根。

笔者在不少孩子们的活动现场发现，那些一心一意为了团队玩得更好的孩子，不但能够与同伴分工合作，在同伴遇到困难的时候，还乐于给予力所能及的帮助。那些小朋友由此也受到了大家的拥戴，以至成为这个团队的"领袖"人物。

据兰会赵园长讲，如果教师事必躬亲，孩子不但无法提高解决问题的能力，而且不可能形成团队合作意识。而在孩童时期形成合作意识，对其未来的成长与发展都会产生积极的影响。

（2）反思

谈到反思，人们也许认为这与幼儿园的孩子无关，可在利津二幼，在每次游戏活动结束之后，都有一个重要的反思环节。当然，它并不能与教师教学之后的反思等量齐观，可孩子的反思照样闪耀出令人惊奇的火花。

游戏结束之后，孩子们坐在教室里，看着教师抓拍的游戏视频，分组讨论这次活动有何亮点，有什么不足之处。然后，由小组推举出发言人在全班发言，再由本组其他成员予以补充完善，最后由其他组的孩子予以评价或提出问题。有的时候，孩子们的意见分歧很大，以至相互争辩起来。可越是这个时候，孩子们的反思越有价值。当孩子们亢奋起来的时候，反思也就更加深入。于是，再进行游戏活动的时候，孩子们就会玩得更好。

之前，每次游戏结束的时候，很多孩子没有将玩具归还原处和分类摆放的习惯，再玩的时候，为了找到某样玩具，需要花费很长时间，结果导致缩短了游戏时间，影响了游戏质量。可是，教师并没有从发现问题的时候就告诉孩子们应当如何去做，而是用手机将当时的场景拍摄下来。在反思的时候，孩子们提出困扰他们的这个问题时，教师则将拍摄的画面投影到屏幕上，让他们自己思考问题出在什么地方，应当如何解决。孩子们通过反思，明白了在游戏结束之后应当将玩具进行分类并归还原处，这样做可以为下次争取更多的游戏时间。久而久之，孩子们也就养成了良好的习惯。

初来利津二幼的参观者，看到学校那么大的活动场地，又有如此多的玩具，认为打扫卫生与整理玩具将是一个巨大的工程。可是，当知道全园只有一个老大爷负责这项工作的时候，全都惊讶不已，认为他即使每天累得筋疲力尽，也不可能将这项工作做好。可事实并非如此，因为孩子与家长已经养成了良好的习惯，他们不会随地乱扔垃圾，孩子们玩完玩具后都会将其归还原处。

赵兰会园长认为，孩子的能力远远超出了大人的想象，尤其是通过反思，他们会很快地发现问题，也会有效地解决问题。这种发现问题与解决问题的习惯一旦养成，将使孩子终身受益。恰如俄罗斯著名教育家乌申斯基所言："良好习惯乃是人在神经系统中存放的道德资本，这个资本不断在增值，而人在其整个一生中就享受着它的利息。"

（3）坚持

孩子们在游戏中会遇到各种各样的困难，如果教师由此让他们停下来，或他们自己不再坚持的话，困难就永远无法克服。相反，在遇到困难的时候，如果孩子学会坚持并且不言放弃，往往能够突破困境，取得成功。更重要的是，这种品质会伴随孩子一生。

笔者看到一个刚入园的小班孩子，他想爬上一个半球形的陀螺玩具，他的动作看上去十分笨拙，连续爬了很多次依然没有爬上去，但他仍旧在不断尝试，半个多小时之后，他终于爬到了这个陀螺玩具上。这一成功给了他巨大的鼓舞，他兴奋至极，一下子躺在草地上，连打了几个滚，才十分得意地站了起来。人们从这个年仅3岁的小朋友那稚嫩而喜悦的脸上，看到了坚强的眼神以及坚持的良好品质。

孩子们由玩而生成的不只有合作、反思和坚持的优秀品质，还有专注力、想象力、建构力和交往能力等。囿于篇幅，笔者所记只是点滴思考与几个片段，如果想真正感受游戏的魅力，还需亲临现场。它带给参观者的不仅是感官上的震撼，更是触及灵魂的职业思考。

第八讲

发展教师，实现价值

教师队伍的优劣，决定了学校发展的快慢。只有教师快速发展，学校才能持续发展；只有教师持续发展，学生才能接受到更加优质的教育，也才能实现真正意义上教与学的高效。

教师的发展，需要学校提供相应的舞台，同时，提升教师生命成长的自觉状态，则可以使其步入"更上一层楼"的境界。教师如果被动地进行工作，效率与效益都是低下的。有自觉意识的教师则完全不同，无论在什么样的环境下，都会积极努力工作。有的教师晚上加班加点，工作日提前到校，节假日在家里工作，这些都不是学校要求的，是他们主动去做的，并从中体验到了工作的意义与乐趣。因此，从"要我发展"变为"我要发展"，则是教师发展的更高层次要求。

一、聊城市东昌府区英特学校的"大小教研"

聊城市东昌府区英特学校(以下简称"英特学校")虽然建校时间不长,但其美誉度、知名度与信赖度却呈现出持续上升的态势。其中原因自然非止一端,注重培养名师以及提升整体教师的教学水平,当是学校形成核心竞争力的重要因素,而学校实施的"大小教研"更是功不可没。

1. 大教研:科学有效的四大教学环节

所谓大教研,就是集团的同学科教师每周一次的教研活动,周二下午英语,周三下午数学,周四下午语文,周五下午艺体,由两校区轮流承办。

活动共分为四个环节:

(1)授课

由同学科的两位教师授课,或是同课异构,或是一课连上。学校全体同学科教师提前一周熟悉授课内容,同年级组提前一周集体备课,授课教师便进行整理并认真准备。为了讲得好、突出重点,同时彰显其教学个性,教师往往是"为伊消得人憔悴",但又兴致不减,探索不止。由此既带动了同学科教师对教材的挖掘,展示了授课教师独具的教学匠心,又对全体教师有一定的引领与示范作用。

(2)展示

授课结束、评课之前,由两位教师展示各自的才艺。展示内容与形式不受限制,可以是教学艺术,也可以是音乐、绘画和武功等。虽然有些教师展示的才艺与课堂教学并无多大关系,但是与教师的存在感与幸福指数休戚相关。所以，它在为更多教师提供展示舞台的同时，也提升了教师们的自信心与自豪感。这样，教师教学的时候便有了更好的生命状态，甚至还有可能将对某一艺术的喜爱情绪，传递与延伸至平时的课堂教学之中，并慢慢地提升教学的水平。

（3）评课

这是一个所有同学科教师以及专家都参与的环节。首先由授课教师就其教学理念、教学设计、教学流程及其创新点等进行简明扼要的汇报；其次是分年级组对两节课进行交流研讨；再其次是教师评课、专家评课和答疑解惑。

教师评课的时候，除了提出突出优点之外，还要直言不讳地说出存在的问题。有的时候，对某个问题的看法还会出现不同意见，那么，教师就各抒己见，相互争鸣。于是，就出现了《中庸》上说的"有弗辨，辨之弗明，弗措也"的教育景观。更重要的是，某位教师要想说出个"子丑寅卯"，就必须认真研究与深入思考。因此，评课者并非局外人，从一开始就已参与其中，并在评课中提高了自己的业务水平。同时，大家也由此形成了一个共识：指出优长是对授课者的欣赏，找出不足则是对授课者的帮助。于是，"成人之美，不成人之恶"的评课风气逐渐形成，教师的教学水平也"于无声处"提高了。

英特学校汇聚了20多位不同学科的教育专家，他们中有全国优秀教师、山东省特级教师、齐鲁名师、山东省教学能手，以及在国家级别课堂大赛中获奖的教师。他们的评课自然就有了一语中的与高屋建瓴之势。某些难以解决的困惑，经由他们的点拨，常常让教师们眼睛一亮，顿生豁然开朗之感。有人说，读万卷书，不如行万里路；行万里路，不如听高人语。诚哉斯言！经常听高水平专家点评的英特学校的教师们，自然也会学有所得，心有所悟，更好更快地成长起来。

（4）反思

如何取人之长，包括汲取专家的智慧，对于教师的发展至关重要，而其中一个重要的环节就是反思。不然，就陷入孔子所说的"学而不思则罔"的怪圈里。第四个反思环节，就是要对本周的听课、评课进行反思，进而有的放矢地改进自己的教学。比如在反思中，有的教师就总结出了这样的经验——设定的目标不但要正确清晰，而且要力求简约。同时，简约不等于空泛，所以还要具体有方，要有很强的操作性与检测性。当每周一次的反思都能有所收获的时候，一个学期、一个学年和更长时间的反思，就会形成一种属于教师自己的教学智慧。这样，教师不但能将课上得越来越好，而且还会形成"有弗思，思之弗得，弗措也"的良好习惯。教师有了这种反思习惯，就等于为自己积蓄了一笔取之不尽、用之不竭的教学智慧，在让教学"更上一层楼"的同时，还能体验到教学带来的特殊幸福感。

2. 小教研：研磨更多优质课

小教研是相对于大教研而言的，它是本校区同年级同学科教师之间的教研，每周一次。由于教师所教年级和学科各不相同，所以教研的内容与形式也各有千秋。

（1）语文学科：每节都是优质课

语文学科的小教研，一般有"备课、上课、说课、评课"四个环节。学校每学期都会组织全体教师参与校级优质课评选活动，要求教师讲出特色，展出风采。为此，教师首先要在备课上下大功夫，不但要吃透教材，而且要广博多览，形成自己对文本的解说，最好在某一个或几个点上有所突破。上课的时候，要求教师之讲尽量做到"其言也，约而达，微而臧，罕譬而喻"；同时，给学生以表达的权利，鼓励学生发表不同见解，对"当仁不让于师"的学生，公开表扬，并让其他同学"学而时习之"。说课可以谈其总体思路，创新思维，也可以"弱水三千取一瓢饮"，紧紧抓住教学设计的某个精彩点，透彻剖析，给教师们以有益的启发。听课教师的评课可以统揽全局，总谈观感，也可以"攻其一点，不及其余"。无论从哪个方面进行评课，都应当要言不烦，甚至设定时间，争取人人都能参与到评课之中。在这一过程中，鼓励评课者质疑问难，上课者答疑解惑，最终达成共识，磨合成一节可圈可点的好课，从而为其他教师上课提供蓝本与参考，实现每节课都是优质课、每位上课教师都堪称教学能手的目标。

（2）数学学科："本周我主讲"

数学教师团队推出的是以"本周我主讲"为主线的公开课。

其具体操作流程是：执教教师要非常认真地完成基于个人经验、基于同伴互助、基于教研团队的"三基于"备课教案，方才上课。这种集群体智慧于一体又不失个体本色的教案，不但对教学的主体内容过滤掉了错讹，而且也让课堂教学不再平庸。这为教师上好课打下了很好的基础。不过，虽然对上课已有预设，但未知与"突发事件"也并非没有可能。每逢这个时候，执教教师的随机应变能力就显得尤其重要。这种能力与其本人的机敏程度有关，更与其文化积淀的厚薄有关。因此，它在无形中给教师们以启示：台上一分钟是需要台下十年功支撑的。虽然当下展示重要，但只有持之以恒地努力，才能在课堂上抵达游刃有余的境界。此后，全体听课教师对其评课的场面可谓精彩纷呈，甚至有时还会出现百家争鸣的景象。它既是对这节公开课的审视与评价，也是对教学内容深入的研究与延伸。它让大家都明白了这节课好在哪里，什么地方还应当修正，以及如何让这节课更具特色等，从而让其他教师再教这类课的时候能够取其所长、弃其所短。最后，教研室主任对听、评课进行归纳总结，之后再由全体数学教师认真学习并展开深度会谈。这样，便使每位数学教师明确"一堂优课"的标准。心有标准，做方能有方向，加之科学有效的流程，更多数学教师上出优质课也就在情理之中了。

（3）英语学科：形成"不贰过"的品质

每周一下午最后一节课为英语组的小教研活动，主要有以下几个方面的内容：上一周"单元清"实施情况汇报及教学反思；商讨"单元清"的重点及难点；评课；"口语100"的使用情况等。以上各项内容都有具体实施的细则，比如"单元清"，不只是上课教师完成了本单元的授课任务，学生做完了相应的习题，还有反馈这个重要环节。反馈内容不但有各年级组的情况分析，还有各年级组的改进措施等，以及针对"单元清"暴露出的问题，教师如何进行专项强化训练，从而让学生知道错在哪里，错的原因以及以后遇到类似问题时的解决方式等，从而形成"不贰过"的良好品质。

冯明才

谈起大小教研，聊城市教育和体育局小学教研室原主任冯明才感慨不已。他认为，教研工作的目的之一就是要打造高效课堂，提高教学质量。开始，教师们对教研的积极性并不高，教研的质量也属一般。可是，经过一段时间后，大家不但喜欢上了大小教研，而且个个成了受益者，形成了一种"在教研中交流，在交流中提升"的良好风气。谈起英特学校，冯明才更是颇有感悟。他说，学校的每位教师都是在用精神振奋精神，用思想孕育思想，用人格影响人格，用素养提升素养，用爱心点亮生命，用执着成就梦想。因此，学校已经成为教师发展的沃土。

二、济南市历下区盛景小学的"自组织"

何谓"自组织"？也许有人尚不清楚。对此，高献校长言简意赅地说出了其中的要义——在内在专业成长需求的驱动下，教师自行从分散向集中，从被动向主动，从松散向规范、严谨、高效，实现专业发展共同体自主形成、自主建设、自主维护、持续提升的共研、共进过程，以期达到成员之间身份地位平等、深度对话交流、聚焦研究取向、共同成长需求、心理信任安全、抵触外部干涉的专业成长氛围、场域。

高献校长深入研究过当今中国一流名师的成功之道，发现有一个共通的特点，即不但是始终"不待扬鞭自奋蹄"者，而且还多有一个研究的目标与高层次的精神追求。可教师能够达到二者兼备者少之又少。这并非说明他们不可能抵达全国名师的辉煌殿堂，而是需要精神唤醒，并为之提供走向成功的载体与平台，从而让他们感到自己前程无限，终生意气风发地奋斗下去，去领略"更上一层楼"的心灵愉悦，进而实现人生的价值。而"自组织"的横空出世，则有可能让这种美好的期待变成现实。

高 献

1. 方案出台，确定八个项目发起人

启动"自组织"这一项目，绝非高献一时的心血来潮，除了具有多年的经验之外，她对济南市历下区盛景小学（以下简称"盛景小学"）的教师群体也进行了深入的研究。全校189位教师，平均年龄不到32岁，绝大多数教师正处风华正茂之际，渴望能够在这美好的年华一展风采，乃至问津济南、山东和全国名师。同时，为数不多的中年教师，既有丰富的教育教学经验，又有相当浓厚的理论素养，尤其可贵的是，他们身上依然闪耀着积极向上的精神光芒。如果由他们领衔组建起一批朝气蓬勃的"自组织"团队，定能干出一番轰轰烈烈的事业，从而让生命绽放出奇异的光彩。

不过，要想制定一个切实可行的方案，绝非轻而易举之事。为此，学校领导从不同方面，广泛征求教师的意见与建议，方才形成了一个《济南市历下区盛景小学教师专业发展项目研究团队"自组织"建设方案》（以下简称"方案"）的讨论稿。然后，经过自上而行又自下而上地"反复"论证之后，方才交由学校党代会和教代会投票决定下来。

高献认为，虽然这个时间段相对长了一些，费力也比较大，但是，它却得到了教师的广泛认可，实施起来也就顺理成章了。

自2022年9月15日起，学校召开骨干教师选题会议，解读"方案"，对接《济南市历下区盛景小学名师成长领航工程实施方案》，确定了齐冰、久艺甜、于立刚、刘文姣、李欣、杨斌、董君、汤代瑾八个发起人，以引领各个团队进入持续而又深入的教学研究。

2. 双向选择，召开"新闻发布会"

确定项目发起人之后，学校便面向所有在岗教师发布"自组织"建设召集令，双向选择，成立各个项目的研究团队。

2022年10月8日下午，学校召开了一个别开生面的"新闻发布会"，由8个项目的发起人面向全体教师分别来介绍自己的项目，重点解说自己研究这个项目的独特优势，以及它能给研究这一项目的教师所带来的发展及变化等。

每一个项目发起人都做了极其充分的准备，直讲得教师们热血澎湃，掌声一次又一次地响起。但凡没有掌声之时，整个报告大厅则只有发起人演讲的声音，其他老师全都屏息凝神地听讲，唯恐漏掉一个字，错失自己的最佳选择项目。直到晚上7时多钟，亦无一个教师离席。

8个项目发起人不但把自己的项目说得详细又具体，让人心向往之，就连"结束语"也给人留下"余音袅袅，不绝如缕"的美感。比如报名的截止时间是第二天傍晚6点，有的项目发起人则说："老师们、亲友们，风里雨里，我在网上等你。明天6点不见不散。"有的则说："老师们，我不需要风里雨里，我就站到这里等你！"如此有趣的"结束语"，让教师们情不自禁地开怀大笑。

会议结束后，项目发起人抢夺人才的大战也便由此拉开了序幕。他们瞄准自己心中的目标，展开了"攻势"。有的项目发起人激动得一夜无眠，第二天一大早依然"斗志"不减，继续"拉拢"人才。

在短短一天的时间里，有的发起人已经聚集了十几个甚至20多个项目"合伙人"，有的甚至将全校硕士生揽至自己门下7人之多。当然，有的发起人的"意中人"被抢走之后，不免有些"不满"，乃至找到校长"说理"。可高献却双手一摊，说道："不是有言在先吗？双向选择，和银行存款自愿、取款自由一样。再说，分布式管理不能行政干预啊！"

其实，前来找校长一争高下的发起人也知道此行定会无功而返，可是，他们意在让校长明白，自己手下并非人才济济，即便如此，他们这个团队依然会做出一番事业，取得重大成果的。

不过，也有另外一种形态，整个团队只有区区几人，发起人依然稳坐钓鱼台，坚信自己有着雄厚的实力，准备打一个以少胜多的战役。

高献暗自高兴不已，因为她发现，每个团队的发起人与教师，都已经积蓄起了巨大的能量，准备大展拳脚、拼搏一番。这种良性的竞争，让潜伏在教师身上的潜能勃然而发；而各个团队的智慧合力，又会为每个个体的潜能助燃，从而生成更大的生命能量。

3. 自主管理，"我的组织我做主"

"自组织"成立之前，教师的工作大多是依"令"而行，即由学校领导统一分配安排。固然，有些工作是需要如此而为的。可是，对于业务研究与教师发展等诸多问题，如果教师只是出于应付而为之，那么工作的效率与质量就会大打折扣。

"自组织"成立之后，形势宛然一变。因为在每个团队成员的心里，都有一个"我的组织我做主"的坚定信念。于是，就出现了让人"匪夷所思"的现象——校长出于关心某个团队的发展，试图进行指导乃至帮助的时候，往往被他们委婉甚至直接谢绝。这让高献感到，这是他们独有的领地，即使校长也无权随便"侵犯"。当他们喜形于色、不令而行又异常积极活动的时候，教师主动发展的期待不就变成现实了吗！虽然有时遭到"冷遇"，可高献心里却升腾起无比的喜悦。

让高献始料不及的是，前几天，她将各个项目的发起人以及相关人员集合在一起，对他们"不令而行"的积极精神表扬一番后说，他们付出太多，做出了重要贡献，学校准备在绩效考核和福利方面，向优秀的"自组织"团队适当倾斜。没想到她的话音刚落，就遭到了他们的反对和拒绝。这让高献特别高兴，感到这些团队不再是为了经济利益而"战"，而是为了自身与学生的发展而"战"。

不仅如此，校领导的某些决定，有的时候也会被某个"自组织"拒绝执行。

"自组织"成立之前，但凡到机场去接送专家，全由学校领导统一安排。前不久，一个"自组织"团队的特聘专家从云南乘飞机来济南之前，按照惯例，学校也一如既往地做好了安排。考虑到专家所乘班机到达济南机场已是夜间11时多，学校为此从网上预约了一个专车到机场去接，学校领导与项目团队的有关人员，则在预先安排好的宾馆恭候他的光临。

可让高献没有想到的是，就在接机前半天，这个"自组织"团队的发起人与相关人员"闯"进了校长办公室，直言学校如此安排不妥，并陈述了理由："一是专家从云南远道而来，学校不安排专人去接，有失待客之道；二是去不去接是我们团队的事，是我们的态度。能不能接得到，是防疫要求。专家下了飞机如果被拉走隔离，我们虽然不能将他接来，但可以和他见上一面。这样，既可以让他心理有所安慰，也表达了我们对他的真诚与热情。"

高献觉得他们言之有理，便当即答应了他们的要求。他们非常高兴，自费订购了一束鲜花，早早乘车前往机场，恭候在接机大厅出口。但是按防疫相关规定，这位专家必须隔离7天后方能再去盛景小学。这让专家在尚未被拉走隔离之前，看到几位迎接他的老师手捧鲜花，笑着向他打招呼："教授，我们一直在这里等您！"此时此刻，专家感动的泪水已经在眼眶里滚动。他上了大巴车，即将驶向隔离地的那一刻，还笑着向这个团队招手致意："我们7天以后见！"

隔离7天后，这个"自组织"团队的人员才将专家从隔离点接到宾馆住下，不管是吃住行，还是在学校听课与教学研究工作，方方面面都成为该团队"份内"的事。高献本想从学校层面对专家以更多关照，可这个"自组织"团队却不容分说地给予拒绝："这是我们应该做的事，您只负责做好后勤保障就行了！"

这位专家被这个"自组织"团队的真诚感动了，尽其全力地做好指导工作。他不但业务水平高，而且教学经验丰富，对于教师讲课与研究中出现的问题，往往能一针见血地指出来的，有时甚至把上课教师批得"体无完肤"："一节课你问了 80 个问题了！"这个"自组织"团队中也有个别胆大的教师加以反驳："哪有 80 个啊，问了 79 个嘛！"引得大家哈哈大笑。即使被专家严厉地批评了一番，教师们依然恭恭敬敬地洗耳恭听。这位专家在指导工作的过程中，他的讲话都有专人录音整理，随后被发到团队群里，供大家及时学习。

笔者前往学校采访的时候，这位专家悄悄对笔者说，这是一支可造就的团队，有的教师已经具备了问鼎全国名师的水平。

看到如此积极主动的"自组织"团队，高献总是欣慰不已。她感到，那是他们的"领地"，不能随便"侵犯"，即使"进入"，也只能以观察员的身份旁听，偶尔提提建议，至于能否被他们采纳，还多是一个未知数。其实，这正是高献希望看到的。教师都主动发展的时候，校长不是指手画脚的高高在上的领导，而是教师发展的助推者。正因如此，盛景小学才能有更多的教师脱颖而出，也让学校真正绽放出属于它的"盛景"。

三、宁波市四眼碶小学教师的"五项修炼"

教师的思想境界和业务水平的高下，决定着学生的发展走向。而关注学生更好发展的宁波市四眼碶小学，就对教师提出了"五项修炼"的要求：

第一项修炼是"百师辩坛"，即让全体教师就某个问题进行辩论。问题多是教学中或社会上的热点、难点与困惑点，比如如何与家长沟通，怎样才能走进学生的心里等问题。学校将类似的问题抛出来，让教师充分准备之后，在全校范围内分正反两方进行辩论。

为此，教师就要对这些问题进行调研与研究。

有些问题，正反两方的辩论还会达到白热化的程度，正如《中庸》所言："有弗辨，辨之弗明，弗措也。"真可谓话不说不透，理不辩不明，某些问题愈是辩论抵达高潮之际，也是问题即将大白于天下的时候。

辩论的时候，不只是正反两方的辩手唇枪舌剑，各不相让，而并未参与辩论的教师的思维也在飞速地运转。于是，某些似是而非的问题逐渐在教师大脑里清晰起来，以后教师遇到类似的问题，也就有了解决的思路与方案。

第二项修炼是"师情回放"，即将教师平时教学中的某个亮点或失误的地方，通过即时拍成的视频回放出来，让自己看，也让大家看。自己看后会因自己教学的亮点而兴奋，也会因某个不应有的失误而遗憾。而更重要的是，就此进行自我反思，因为"学而不思则罔"也。而其他教师在观看这些视频的时候，也会学习其优长，规避其失误。有的时候，还会就某些得失进行讨论，从而形成具有理性思索的成果。虽然只是教学上的某一个点，可常常为之，就可以连点成片，就可能在更大的层面甚至是更深的层次上实现质的突破。

第三项修炼是"书香工程"。苏霍姆林斯基说："每天不间断地读书，与书籍结下终生的友谊，就是最好的备课。"诚哉斯言！真正意义上的名师，在教学的时候，不但对教材与学生进行深入的研究，而且还一直保持着阅读的习惯。没有经典之书的滋润，教学就少了文化的支撑，教师就少了精神的滋润。

因此，学校为了让教师养成读书的习惯，实施了"一十百工程"，即每个学期每位教师至少精读一本好书，每个办公室轮流阅读10本书，并写出100字或者200字的推荐阅读书目的理由，在微信公众号上进行推展。

读书是要有选择的，只有好书尤其是经典之书，才是教师必需汲取的精神营养。因为经典之书不但语言优美，而且还有真善美在其中流淌。读得多了，不但可以优化自己的语言系统，还可以提升思想境界。

第四项修炼是"和煦品牌"。宁波市四眼碶小学倡导教师与青海、新疆等西部学校的孩子，以及本地农村某些学校、本校的一些学困生、特困生爱心结队。

为此，学校组织以党、团员为主体的教师群体下乡送教，让农村娃受到了相对优质的教育，让那里的教师也能体验到优秀教师的境界与水平。

同时，当下学生的父母多为"80后"，对于如何教育孩子缺少经验，对于不少问题感到困惑。为此，学校以线上直播的形式为他们答惑解疑。绝大多数学生的父母工作较忙，学校便于晚上7：30起进行直播，连线学生的父亲或母亲，就孩子生活、学习中解决不了的困惑问题，现场进行解答。

这是一项没有经济报酬的活动，也是一项彰显精神境界的活动。可喜的是，四眼碶小学的教师非但没有将这项活动视作一个负担，反而乐此不疲地投入其中。

第五项修炼是"和雅驿站"。驿站，是古代供传递军事情报的官员途中食宿、换马的场所。他们所传递的情报大多重要而紧急，沿途要快马加鞭，因此非常辛苦，只有到了驿站，方能得到休憩。

教师终日紧张的工作，也需要一个休憩的驿站。当然，这个驿站不同于古代的驿站，可却因为古为今用，且有了暖人心房的内容与形式，让教师有了一种家的归属感。

在这里，教师们成立了被称为"迷人小分队"

刘光霞

的社团，它是一个修身养性的社团，在这里可以插花、练瑜伽或海阔天空地聊天等。于是，在教师之间就产生了这样一句经典之语："人在一起叫聚会，心在一起叫团队。"教师们心在一起，幸福也在一起。人与人相处，当是一种天地机缘，而能够幸福地常常聚在一起，不但关系更加和谐，而且还营造出诗意。而在这个驿站里不就有了沛然的诗意吗？

刘光霞校长说，宁波市四眼碶小学鼓励和支持教师持续发展，使优秀的教师呈现日渐增多的趋势。于是，学校在社会上就有了更大的美誉度和信赖度，从而锻造了优质学校的品牌。

四、济南市商河县第一中学的班级和教研团队建设

近几年，济南市商河县第一中学（以下简称"商河一中"）"一本"录取人数每年七八百人，本科上线1000人之上，全校每年未升入本科的学生只有屈指可数的十多人。

于是，商河一中的知名度和美誉度不断攀升，前来参观学习者日趋增多，即使济南市区某些高中名校的领导与教师，也前来学习与取经。

这些突出成绩的取得，与王幸福校长进行的创新改革有着内在的关系，其"构建以班主任为核心的卓越班级团队"和"建设以各学科组长为核心的教研团队"的改革之举，搭建了一个群体优质高效发展的舞台，让教师既能积极努力工作，又能体验到自身价值的实现。

1. 构建以班主任为核心的卓越班级团队

在一些学校，由谁当班主任，校长有着绝对的话语权，可王幸福校长却

自我剥夺了这种权力，并且缩小了教导处主任的权力，大大扩大了教师的权力。在班主任竞争上岗的时候，评委除了部分中层干部之外，大部分为各个年级的骨干教师。教师们朝夕相处，哪些人能够胜任班主任工作，他们了然于胸。比如高一19个班的学生入学之前，有22个教师竞聘班主任职位。由评委投票决定取舍，教师们心服口服。

（1）赋予班主任应有的"权""利"

由于班主任工作量多、责任大，所以，有些学校的教师并不太愿意做这项工作。王幸福校长认为，这不是教师不积极的问题，而是没有赋予班主任应有的"权"和"利"造成的。为此，王幸福校长采取了一系列措施：

一是为班主任提供相应的待遇。

在班主任竞争上岗之前，学校为品德好、有能力的教师担任班主任提供应有的"分配"所得。因为教师也是社会人，他们比较关注的是其职称的评定和在评优评先中能否脱颖而出。那么，学校就要为班主任在这些方面提供相应的"待遇"，才能上他们不至于感到"入不敷出"。

为此，学校对所有教师的考评通过技术手段实施赋分制，比如职称评定，一律按赋分多少从高到低决定。而如何赋分和赋分多少，都是通过全体教师反复讨论，又经学校教职工代表大会通过而决定的。这样，既做到了公平、公正和公开，又有了广泛的群众基础，并由此产生了对于教师考核的各种技术性的赋分依据。同时，"算优""算先"这样的新词也自然诞生出来。不管哪个方面的评选，每位教师得分多少，排位几何，不用学校统计和宣布，他们自己就已计算出来。校长在这方面没有了权力，可教师们却全都鼓足了干劲，争取在"算优""算先"中领先一步。因此，全校教师在特别关注自己赋分多少的同时，也往往留意其他同事的赋分情况。除了正常的教学年限等固有的赋分依据之外，学校又通过优秀班集体和优秀班主任评选，为班主任开设了另一条赋分的渠道，所以在评优评先和职称评定的时候，所得总分较高者多是班主任。教师如果不能在教学中有出类拔萃的表现，根本不可能与相同资历与水平的班主任比肩。因此，班主任虽然比一般教师累些苦些，可是由于劳有所获，非但没有怨言，反而干劲十足。

在个人赋分项目中，一般教师只有工作年限这一赋分依据，每工作一年得1分，20分封顶。班主任除了年限分外，另有1分的班主任附加分，如果被评上优秀班主任或者所在班级评上优秀班集体，又另行加分。

每逢教师节，商河县县政府都要隆重地召开表彰优秀教师的大会，并向优秀教师颁发证书。每逢这个时候，被评为优秀教师的班主任都感到特别骄傲与自豪。因为他们不仅获得了荣誉和认可，也为自己挣得了赋分值，可以得到4分，如果受到市级表彰，得分更多。

由于班主任有另外得分的"待遇"，所以，在"算优""算先"中自然领先一般教师。比如，学校某一年要评定10位高级教师，其中至少有8位是班主任，甚至更多。学校一位女班主任年仅38岁，由于所带的班级成绩突出，在评定高级职称时脱颖而出，让比她多工作了不少年的教师既望洋兴叹又心向往之。

孔子说"见利思义"，也就是说只要合乎义之利，是可以问心无愧而得之的。班主任拥有比一般教师的"利"，自然就是"义"之所得了。

二是为班主任赋予组阁的权力。

商河一中的班主任不但有应得之"利"，还有组阁之"权"。某个班级教师的任用取舍，全由该班班主任决定，校长无权过问，教导处也不得干涉。

当然，班主任聘任学科教师，也有一套固定的流程。班主任先通过抽签，决定自己选聘教师的顺序，再通过抓阄的方式选择学科教师，一次只能选一个学科的教师。比如，抽签排名第一位的班主任在所有学科中抓阄到的是语文学科，那他在所有语文教师里面选择自认为最优秀的作为自己班级的语文教师，抽签排名第二位的班主任再选语文教师，直到第十位班主任选完语文教师；抽签排名第二位的班主任再在除了语文学科之外的学科里面抓阄一个学科，比如抓到的是物理，则由他先选物理教师，抽签排名第三位的班主任第二个选物理教师，抽签排名第一位的班主任则最后一个选物理教师。如此依次循环，每一位班主任都可以从不同学科中选出自己相对心仪的教师。而由此组成的以班主任为核心的班级团队，如果在未来的教育教学工作中表现优异，就会在"算分"中多得分数。因此，班主任在挑选每一位教师时，没有人情上的考量，有的只是对教师教学能力的考量。

学校规定每位教师正常的工作量是每周至少上 10 节课，但有时会出现这样的情况，有的教师因只上一个班的课而导致工作量不足 10 节课。所以，班主任在评聘教师的时候，对每个学科教师根据学科不同设置不同的工作量，即满工作量者，可以得到相应的分数；如果不满工作量，在评比中无分可得。

（2）均衡分班让教师站在同一条起跑线上

也许还会有人问，学生学习水平不同，同是班主任，如何才能实现相对公平？为此，学校根据学生成绩的高低，将他们分到各个班级之中，实现了异班同质的均衡。分班先通过电脑排序，再由各个年级段的班主任通过抓阄决定自己就任哪个班级。如此而为，每一位班主任都站在了同一条起跑线上，真正实现了公平公正。同时，也在无形中拉开了相互竞争的序幕。不过，绝非恶性竞争，而是良性竞争。正是在竞争中，大家鼓足干劲，想尽各种办法，让各自的班级发展得更好。这样，不但班主任会变得越来越优秀，学生的学习成绩以及其他方面也会随之水涨船高。

由于各个班级师资水平和学生成绩相对均衡，所以，每一个班级，只有各科教师共同努力，才能步入先进班级的行列，并在相应的可以赋分的评比中如愿以偿。这样，每一位教师都有了"不待扬鞭自奋蹄"的积极工作状态。比如，在某次重要的可以赋分的考试中某个学科成绩较差，则会影响到整个班级团队，以致让其他成绩优秀的学科教师与赋分擦肩而过，从而让那个成绩较差的学科教师感到无地自容，并自觉地寻找出现问题的症结所在。同时，这个班级的其他教师也会在班主任的带领下，帮助这位教师分析原因所在，指出未来可行之路。然后，这位教师就会从失败中汲取教训，更加努力工作，以期在下一次的考试中反败为胜。这种自发努力向上的工作精神，让每个班级都凝聚成了一种巨大的生命能量。而由此助推的不只是教师的快速发展，同时也在无形中激发了学生积极向上的精神。

（3）和谐向上的学校文化应运而生

王幸福校长认为，构建以班主任为核心的卓越班级团队，目的是让教师在和谐的学校文化氛围中，心情舒畅地做好自己的工作，并实现自我价值。

王幸福校长感慨不已地说，人人都想上进，人人都想成功，学校就要为每一位教师搭建走向成功的舞台。这样，既是对他们负责，也是对学生负责。因为他们的发展与成功，带来的是学生学习水平的提升以及精神上的"旧貌换新颜"。

实施创新改革之后，以前教师之间以及教师与领导之间的是是非非悄然隐退，彼此之间的关系变得简约而单纯。因为大家发现，只有自己努力工作，才能得到相应的分数，以及分数之外的精神收获。而这个时候的校长，似乎被"冷落"在一边。因为大家知道，所有与工作无关的"努力"，几乎都起不到作用。唯有扎扎实实地工作，取得教师和

王幸福

学生们的信任，做出突出的成绩，才能对自己的评优评先以及职称评定和未来更好发展起到作用。

尽管一直处于被"边缘化"，但王幸福校长非但没有感到寂寞，反而欣慰不已，因为和谐向上的学校文化为商河一中注入了持续的发展动力。

2. 建设以各学科组长为核心的教研团队

如果说班级管理对于商河一中的发展起着重要作用的话，那么，和谐学科组的创建，则打造了一支以学科组为核心的强有力的教研团队，从而解决了教学常规管理这一涉及项目多、跨度时间长、标准不易把握的管理难题。

每个学期之初，由教师自愿创建"和谐学科组"，组长向分管校长提出创建申请以及相应的理由，学校通过之后进行备案。在工作计划、集体教研、小课题研究、示范课、同学科听课、教学成绩、学生评教、工作总结八个方面通过学校验收达标之后，方可被评为本学期商河一中和谐学科组。评选实施一票否决制，即有某一项甚至某个节点没有达到要求，则与和谐学科组的评选无缘。和谐学科组的工作主要有以下几个方面：

一是工作计划。既有本学期工作的目标与重点，又有比较详细的实施措施和方案。

二是集体教研。标准是每周一次，组内所有教师必须参加，且要保证教研的质量，否则，便会在检查验收中被一票否决。

三是小课题研究。因为大课题对于一线教师来说比较困难，况且，某些大课题看起来"高大上"，可由于不接地气，在课堂教学中未必能产生较大的作用。所以，学校主张教师进行源于课堂教学实践的小课题研究，因为这种研究往往对教学水平的提高起到直接甚至是立竿见影的作用。有的教师将小课题研究文章投诸报刊发表，并产生了一定的影响，在更大范围内提升了教师的知名度与美誉度，并由此激发了他们继续进行小课题研究的浓烈兴趣。

四是示范课。这是全校教师都要参加的教研活动，每周一次。从新学期开始，第一周是高三年级出示范课，第二周是高二年级出示范课，第三周是高一年级出示范课。要求同一学科不同年级的教师都要参加，比如第一周高三数学出示范课的时候，不仅高三年级的数学教师全员参加，高一、高二年级的数学教师也要全员参加。如果由于某些原因有教师缺席，则不能通过验收，还要重讲一次。这就要求组长在确定示范课时间方面，与其他年级组长沟通协调好，做到让同学科教师全员参加。

示范课时间一般安排在晚自习的第一节课。教师讲完示范课之后，同学科教师则随即评课。评课时一般不说优点，只讲问题，以期让课堂教学步入一个更高的层次。从另一个角度来说，要想从优秀教师的示范课中发现问题，就必须认真听课，甚至在听课之前也要认真备课，不然，在发言的时候就有可能无话可说，或者说得"无的放矢"。

据分管教学的副校长王玉祥讲，上示范课的教师备课极其认真，甚至到了"为伊消得人憔悴"的地步。可是，正是通过这种磨砺，其教学水平明显提升。尤其是在大家提出某些问题之后，上示范课的教师更有一种豁然洞开的感觉，进而又让自己的教学水平得到升华。而参加听课与评课的教师，不但从上示范课教师那里学有所获，而且也有了"择其善者而从之"的愿望，希望自己以后也能走上示范课的舞台。

同时，教师由教务处主任牵头组成的文科评委组或理科评委组通过听课与评课之后进行验收，不但缺少一个教师不能通过验收，示范课上得不好或随后的评课活动开展得不理想也不能通过验收。因此，从始至终，示范课都开展得既有章法，又大见成效。

五是同学科听课。除开学初的示范课外，教师在平时教学中互相听课，切磋交流，取长补短。

六是教学成绩。对于教学成绩的评价，商河一中也有独出心裁之处。比如50个人的班级，一般只评价40个学生。因为某些学生在考试的时候会出现例外和发挥失常的情况，而将10个学生的成绩不计算在内，得到的则是相对比较真实的考试成绩。评价中要求学生成绩最差的班级不能低于整个年级其他班级平均分数的5%。

七是学生评教。即让全班同学评教，标准是满意度必须超过70%。比如历史组内某个教师的满意度低于70%，那么，整个历史组也会被一票否决，无法通过验收。当然，学生评教并非随意而为，而是由学校设计与教师教学相关的详细标准，学生在阅读后进行评价。学生评教每学期分期中和期末两次进行，在学期之初即公布评教题目，用这种引导式的评教，让评教变得既真实可信，又提升了教师的教学水平。

八是工作总结。从时间上说，无须学校催促，各学科组都会按时甚至提前上交工作总结；从质量上说，他们将本学期所有的成绩与教训都进行了总结，从而为以后更好地发展提供文字蓝本。同时，这也成为他们精神收藏的珍品，即使若干年后重新翻开这个总结，依然会不由自主地升腾起感动与喜悦之情。

王幸福校长说，这其实也是教研团队建设的一个相对科学的流程，让学科组长和所有教师既有章可循，又主动而为。教师在这种教研活动中，教学水平都有了不同程度的提高，学生升学考试的成绩及综合素养也有了与时俱进的态势。

五、成都市新都一中成就优秀的教师

既让全体师生都得到发展，又让有个性与特长者脱颖而出，这似乎是一道"二者不可得兼"的难题。可是，成都市新都一中的刘旭东校长却将它变成了现实。

走近这位既具胆识又有智慧的校长，探究其超凡的治校之道，就成了笔者心向往之的必行之事。

教学质量与考试成绩的持续攀升，让成都市新都一中在社会上的美誉度越来越高。人们在探寻刘旭东校长有何妙招时，他简短而坚定地回答："功在教师！"

此言确有道理，没有优秀的教师，教学质量与高考成绩就无从谈起。成都市新都一中教师的敬业精神之强与业务水平之高有口皆碑，已经形成一个闪着璀璨亮光的品牌。

不过，在采访教师的时候，他们却无比钦佩地谈起了刘旭东校长的教师观与用人之道。

1. 高端培训新思路

成都市新都一中对教师的专业培训，既有的放矢，又重点突破。同时，学校成立了名师工作室，让名师对年轻教师的培训处于近乎无处不在、无时不在的状态之中。

学校并不囿于一般性的培训，而是有序地向着高端与跨界培训进军。

3年来，学校先后有80多位教师到国外进行培训，他们在开阔眼界与视野的同时，也将国外先进的教育理念与教学方略"拿来"，通过因地制宜地改造，形成属于成都市新都一中的教育质量观与教学新攻略，课堂上教师的教学方式与学生的学习方式呈现出新的景象，在教师教学游刃有余的同时，学生的学习也进入乐在其中的境界。

宋朝大诗人陆游给他的儿子传授写诗经验时曾说："汝果欲学诗，功夫在诗外。"诚哉斯言！在笔者采访的大量名师中，几乎无一例外都有着不一般的"诗外功夫"。在采访刘旭东校长的时候，笔者发现他不但有着"诗外功夫"的理念，而且有着实实在在的行动。

他认为，教师到师范类院校培训固然必要，可仅仅囿于这一个方面，是行之不远的。应当跳出教育看教育，跳出专业研究专业。为此，他们组织一批又一批的教师到清华大学、浙江大学、复旦大学等综合类大学培训。他说，绝大多数教师是从师范类大学毕业的，当他们进入这些综合类大学培训学习的时候，会有一种新的感觉，能够学到此前从未学到的东西，以及产生此前不曾有的理念。这让教师精神焕发的同时，也让课堂教学的内容与形式发生了一定的变化，受到了学生的欢迎。

2. 不拘一格用人才

学校通过投票等方式评选出优秀教师，似乎很合理。可刘旭东校长却另有看法。他认为，具有独特才华与贡献的优秀教师，大多很有个性，甚至可能被人嫉妒。通过民主评选，很多优秀教师可能榜上无名。这样，可能会打击优秀教师的积极性，以致让其"泯然众人矣"。这对学校来说是一个重大的损失，也堵截了他们为学校做出更大贡献的道路。为此，学校每年年度风云人物只评不选，采取自己申报和组织推荐两种形式，评选标准是教师在本年度做出贡献或在某个领域有突出表现。有多少评多少，没有一个也不评，宁缺毋滥。

刘旭东

让有个性有贡献的教师出人头地，为他们搭建成长与展示的平台，会让更多的教师心向往之，让更多教师的个性与潜能迸发出来，形成百花齐放、百舸争流的良好局面。

刘旭东校长既感慨又自豪地对笔者说，由于学校的积极文化已经形成，尽管上午上班学校规定8点到校，可绝大多数教师7点半就已到校，中午也不回家，直到晚餐时间还有很大一部分教师在学校。

刘旭东校长说，每天看着教师一个个早早地乘兴而来，很晚才满载而归，就洋溢出无限的感动与骄傲之情。他逢人就讲，成都市新都一中的教师是一流的，成都市新都一中当然也是一流的。

六、吴正宪的"1+10+N"的层级教师研修

很多年前，吴正宪便已成为全国小学数学乃至整个教育界大名鼎鼎的名师、大家。"敏而好学"的她，如果持之以恒地行进下去，无疑会在学术造诣上登临"更上一层楼"的殿堂。

但吴老师认为，一个人更快的发展固然重要，而引领更多的人发展起来，则更有意义。正如孔子所说："己欲立而立人，己欲达而达人。"吴老师在已经"立己"且有更大发展前程的时候，想到通过自己的"立己"而更好地"立人"与"达人"。

2008年6月18日，在北京市教育委员会、北京教育科学研究院的支持下，"吴正宪小学数学教师工作站"正式成立，这让她引领更多教师发展起来的宏愿得以实现。

吴老师带领团队认真研究工作站建立事宜，经过一年时间的谈论，最终形成包括章程与机制在内的系统文本材料。

吴老师的人格魅力与研修水平，吸引了不少有仁爱之心与教学能力的教师纷纷加盟工作站。为了让工作站有序且高效运转，构建相应的机制就成了必行之事。

吴老师认为，传统一对一的师徒结对帮扶的方式，很难让更多教师群体成长起来，只有建立市、区、盟、校、组多级教研联动研修网络机制，才能让众多教师在团队引领下实现专业发展上的突破。

于是，"1+10+N"的层级教师研修机制应运而生。

所谓"1"，即吴老师及其率领的前后两批共148名数学教师组成的团队。"10"即在北京的延庆区、通州区、大兴区、昌平区、房山区、顺义区、门头沟区、密云区、怀柔区、平谷区建立的10个分站。"N"即通过总站和分站工作影响带动的教师这个大群体的每一位教师。这样，高效高质的研修活动就可以从总站延伸到分站，最终惠及每一名上课的教师，从而让一个又一个企望成为名师的教师梦想成真。

总站与分站共同策划团队研修方案，建立常态的研究机制，有计划地、系统地建构并推进教师研修课程；同时，总站随时了解分站的需求，为分站提供指导和帮助，并定期到分站听课，做学术交流和指导，每学期邀请分站

吴正宪

学员参加总站现场研修活动,一起对话交流。这样,就形成了总站示范引领、分站补充、支持、拓展的运行机制。

在总站的带领下,各分站根据实际情况灵活设计研修机制。例如,门头沟区建立了一个分站,在分站下又成立了5个联盟,每个联盟包括5所学校,联盟内一所基地校带动周边的薄弱学校和山区学校,共同研讨,共同学习。这种细胞分离式的组织结构使门头沟区319名小学数学教师都能参与研修;顺义区分站带动区内3个教育联盟,9个基地校,每位基地校带动周边学校,将高质量的研修活动延伸到每个数学教研组、每位数学教师;昌平区分站形成了"1个中心,7个基点"的分站研修结构,由一个分站带动7个协作片区以及46所校本教研组,涵盖854名教师。

这一机制打破了区域壁垒、校际壁垒,建立了学习共同体和研究型组织,使教师共享优质资源,参与开放教研,让改变发生在每一位教师身上,发生在每一节课堂上,最终发生在每一名学生身上。

建站之初,吴老师就问过自己和她的团队:工作站的真正价值是什么?教师培训就只是上课、评课、作报告吗?促进教育均衡发展就只是到农村搞几次教研活动吗……在不断的追问中,吴老师和她的团队有了答案:建站的主要目的不是面对每一位教师开展千篇一律的培训,而是因材施教地对每一位教师规划具有特色的成长之路;不是简单地以优秀教师带动普通教师成长,而是让成长成为每一位教师自觉自发的行为;不是单纯地开展一般性的研修活动,而是量体裁衣地为不同个体提供更多更有效的教研模式。

基于以上认知,工作站聚焦儿童认知和需求,聚焦数学教学,聚焦团队研修机制,将研修定义为"任务式学习""对话式学习""反思式学习",让每一位教师都成为学习者、设计者、组织者、分享者、反思者,在课堂历练中成长,在专家引领中成长,在同伴对话中成长,在自我反思中成长,在任务驱动中成长,从而将教师在日常教学中积累的个体经验升华为有益于教师群体专业成长的资源。因此，工作站形成了同课异构与互动研讨相结合、名师大课堂与专家对话相结合、双师同堂与原生态课堂相结合、研究课与学生现场访谈相结合、网络培训与现场研究相结合、校本教研与总结经验相结合的研修模式。

这样的研修模式，一节课就不再是40分钟，也不是"你讲我听"，而是既有原汁原味的生态课堂，又有课堂上听课教师出其不意的提问；既有专家深刻的剖析，又有学生真实的课堂体会；既有课后唇枪舌剑、鞭辟入里的会诊，又有授课教师析毫剖芒的反思。所有的一切又都指向课堂中的真问题，都是为了让每一节课成为"促进儿童发展的特色课堂"，成为"真情流淌的生态课堂、思维碰撞的智慧课堂、机智敏锐的灵动课堂、经验对接的主体课堂、纵横连贯的简洁课堂、充满魅力的生活课堂、以做思启的实践课堂、追本溯源的寻根课堂"。

这样的研修让教师耳目一新。

张秋爽老师深有感触地说："用五倍的时间设计活动，用一倍的时间组织活动，用十倍的时间后续跟进、反思提升，从头到尾地想问题，研究真问题。"这也是身在一线的张秋爽老师对工作站"巧在全程设计、重在课例研修、贵在资源建设、成在后续跟进"的研修特色的生动诠释。

吴老师对笔者说，每一次研修活动之前，依据一线教师的需要确定针对性研修主题，设计全员参与的研修过程；每一次研修活动中，教师分工合作，在"授—受"互动的现实场景中，丰富教学资源，提升教学技能，形成教学智慧；工作站在输出资源的同时，收集现场学生、教师的反馈信息，作为跟进方案的设计依据，衍生出切中教师需求的研修新资源；每一次研修活动之后，整理活动全程的资料，纳入工作站教师培训的课程资源，同时进行回顾反思、分析总结、固化经验，最终形成"设计—输出—反馈—输入—再输出"的良性循环。

所有进入这个环节的教师，需要认真研究每一个在教学中遇到的问题，甚至在研修中一次又一次地被触"痛"。

"这个环节你为什么这样设计？""你觉得这节课问题出在哪里？""上次我们讨论的问题你现在有新想法了吗？"张永老师不会忘记，在忐忑不安中，他曾被步步紧逼地追问。可正是在这种追问中，教学中的问题暴露出来了，如何改进的路径渐次浮出水面，包括以前某些雾里看花的教学疑点，现在也有了豁然开朗的感觉。

"这个课题对课堂有什么作用？对学生有什么好处？对教师发展有什么作用？"武维民老师不会忘记，大家所提的每一个问题都曾让她汗如雨下。而这些问题恰恰是教学中的关键性问题，如果在备课与课堂上没有对此进行有效的设计与解决，即使整节课热闹非凡，也不是真正意义上的好课。

"你怎么做这项工作？这项工作的价值是什么？在这个过程中你有什么收获？"刘文波老师不会忘记，她曾被这些问题一次次"重击"。不过，正是因为这些"重击"，她在干任何事情时都开始考虑其"价值"所在。不然，干得再多，也有可能价值很小，甚至毫无意义。

在采访团队某些成员的时候，他们感慨不已地说："进入工作站之后，颠覆了以前自己对研修的看法。在这里，我们不只是听专家讲座，也不只是写学习笔记，而是真刀真枪地解决一个又一个的真问题。我们不但要清楚每一节课堂教学的价值取向与关键问题，也不放过课堂教学的每一个细节；不但在做每件事之前要问一句'为什么'，而且还要在做完每件事之后问一句'怎么样'。"

在每一次研修过程中，所有教师都不是旁观者，不管是提出问题者，还是回答问题者，思维都是活跃而又开放的，既有对某位教师灵感闪现时出奇制胜妙语的由衷称道，也有对不同观点者的质疑问难，以及由此引发的激烈争辩。于是，无数个思维向度竞相呈现。正是在这种头脑风暴中，"有弗辨，辨之弗明，弗措也"的景观不断出现，以前很多似懂非懂的问题在相互的辩驳中渐趋明白。正是在一场又一场思维激荡的盛宴中，每一位身在其中的教师都有了很大的收获。有的教师激动不已地说："在这里，我们每天都可以听到自己生命拔节的声响。"

于是，有些原本默默无闻且被认为不可能成为名师者，一个个脱颖而出，有的竟然在全国小学数学青年教师教学大赛中获得一等奖第一名，有的获得小学数学教学专业委员会年会论文评比一等奖、教育部首届全国课例评选一等奖，还有的教师被评为骨干教师、学科带头人、特级教师、正高级教师等。

这些教师之所以能有如此大的发展，与工作站这个平台有着直接的关系。恰如荀子所言："登高而招，臂非加长也，而见者远；顺风而呼，声非加疾也，而闻者彰。假舆马者，非利足也，而致千里；假舟楫者，非能水也，而绝江河。君子生非异也，善假于物也。"这些教师堪称"善假于物"的人，而工作站则是荀子所说的"物"者也。有了这个平台，教师自然就会"蓬生麻中，不扶而直"，像大鹏展翅一样，翱翔于天空。从这个意义上说，吴正宪构建的这个工作站也成了成就名师的一个大舞台。不止于此，有了更多优秀的教师，更多的孩子也就有了享受更好教育的可能，成就其未来美好的人生自然也就水到渠成了。

与此同时，工作站高水平的小学数学资源库建立起来。从研制北京市小学数学教师专业标准和学科课堂教学评价标准，到完成近40本大事记；从录制教学光盘近100盘，整理教师研修活动视频光盘数十盘，到编撰教学著作《小学数学课堂教学策略——师生互动共同创建有效课堂》等十几本数学教学专著，为北京市乃至全国的小学数学教师提供了宝贵的研修资源。